얼굴 있는 교육 이야기 - 아름다운 내일, 행복한 오늘

지은이	김난예
초판발행	2022년 3월 21일

펴낸이	배용하
등록	제364-2008-000013호
펴낸곳	도서출판 대장간
	www.daejanggan.org
등록한 곳	충청남도 논산시 가야곡면 매죽헌로1176번길 8-54
편집부	전화 (041) 742-1424
영업부	전화 (041) 742-1424 전송 0303-0959-1424

분류	기독교|교육|신앙
ISBN	978-89-7071-580-3 03230

 값 15,000원

얼굴 있는 교육 이야기

아름다운 내일, 행복한 오늘

김난예

차례

2부 행복한 오늘

머리말

아름다운 내일, 행복한 오늘을 꿈꾸며

나는 중고등학교 때부터 교회학교 보조교사를 하며 장로회신학대학교 기독교교육학과에 입학하던 20세에 '교육전도사'라는 명칭을 달고 교회교육현장에 뛰어들었다. 교육에 대해서는 전혀 아는 바도 없고 알고 있는 것도 없지만 무엇인가 '교육'을 해 보려고 여기저기 배움을 찾아다니며 부지런히 익히고 배워서 전달하는 앵무새 전달식 교육을 했다. 또 예수님을 열심히 전도하는 열심으로 '전도사'의 명칭에 부끄럽지 않으려고 노력했다. 젊고 강직한 담임목사님의 적극적인 후원과 격려, 학교 교사로서 오랜 경험을 가진 부장 집사님의 전폭적 신뢰와 지지는 나에게 큰 힘이 되었다. 지금 생각하면 서툴고 못하는 것도 많았을 터인데 꾸중하고 지적하기 보다는 언제나 격려로 대신해 주셨던 목사님과 부장 집사님의 기대에 부응하기 위해 많이 노력했던 것도 사실이다.

도서관 서지분류번호 268번 대에 있었던 기독교교육에 관한 책들을 처음부터 끝까지 눈병이 날 정도로 읽고 정리하여 교육현장에 적용하고, 배움의 기회가 주어지면 어떤 것이든 빠지지 않고 먼저 달려가 배운 것, 무엇보다 나 자신을 교육지도자로 단련시키기 위해 필요한 것들을 배우고 익히는 일들을 게을리 하지 않고 내가 할 수 있는 최선으로 교육에 임했다. 잘하는 것보다는 하나님 보시기에 '착하다 충성된 종아, 네가 나의 즐거움에 참여해라'는 말을 기대하며 준비하고 살았다. 하루 24시간이 모자라 잠을 줄여야 했기에 언제나 피곤이 나와 함께 있었으나 행복했다. 교회교육 현장에서 26년을 지내며 새로운 도전을 향한 목마름으로 박사학위를 마쳤다. 박사학위를 시작한 것도 교육과 전도의 도구로 사용하기 위함이었고 교수가 되기 위한 것은 아니었지만 하나님은 나를 그의 계획대로 사용하셨다.

대학교 교수로서 나는 학생들을 가르치면서 예수님의 교육방법을 사용하는 것의 하나로 학생들의 이름을 모두 기억하며 또 기억하려고 노력하였다. 수업에 들어가기 전 출석부를 보며 학생 한사람씩 이름을 부르며 호칭기도를 드리고, 학생들이 내일을 위한 꿈을 가지게 해 달라는 짧막한 비전기도를 드리는 시간도 갖는다. 한 학기에 나의 수업 두 과목을 수강하는 학생은 적어도 일주일에 두 번은 나의 기도 속에 있으니 절대 잊어버리지 않는다. 학기 초에는 출석부를 보며 학생들의 이름을 외우고 학생들이 주로 앉는 자리와 학생의 특징 등을 주의깊게 살핀다. 이렇게 한 학기를 기도하면서 학생들을 살피고 관심을 가지면 어느새 학생들의 얼굴과 이름, 앉는 자리, 그들의 태도, 인상 등이 머리에 이미지로 남는다. 또 어떤 이유로든 나와 상담을 한 학생들은 상담일지를 작성하여 그것을 보며 문제가 해결될 때까지 특별히 기도한다. 이렇게 작성된 상담일지와 출석부가 적지 않지만 졸업한 학생들의 출석부와 상담일지를 가끔 들여다보며 시간을 내어 호칭기도를 한다. 그래서 학교를 졸업 한 후 오랫만에 전화를 한 학생들은 그 첫마디가 "교수님, 저를 기억하실지 모르겠지만…"으로 시작한다. 그러나 그 말이 끝나자

마자 나는 곧 "너는 ○○이구나!"라고 말하면 깜짝 놀라 감격한다.

　　사실 나는 대학교에서 재직하며 교수로서 사회적 죽음은 물론 육체적 죽음과 심리적 죽음이 무엇이며 인간 존재의 비참함이 무엇인지 경험도 했다. 나의 능력과 노력 및 실적이나 성실함과 상관없는 대우, 평가절하, 배신의 씁쓸함, 이용당하는 황당함, 진실이 배제된 음모 등으로 나의 자존감은 바닥을 치고 얼룩진 수치감으로 분노와 학습된 무력감이 나를 휘감을 때마다 열등감과 절망과 피해의식이 스멀스멀 내 마음과 뇌에 똬리를 틀었다. 하나님은 나를 왜 이곳에 있게 하실까에 대한 생각으로 몇 날 밤을 설치며 뒤척일 때가 많았고, 사표는 연구실 서랍에서 언제든 나올 수 있도록 준비해두었다. 그러나 이 모든 감정들을 한 방에 없애주는 것은 순수하게 진심어린 마음으로 건네 오는 학생들의 한마디 말 - "교수님 때문에 제 인생이 바뀌었어요.", "정말 고맙습니다.", "살아 갈 힘이 생겼습니다."-과 용기가 없어 말할 수 없지만 작은 글씨로 감사의 마음을 빼곡하게 적어서 메일박스 안에 넣어 놓은 누군가의 손 편지, 연구실 문 밑으로 밀어놓은 이름 없는 격려와 감사의 쪽지들, 말없이 연구실 문에 걸어놓고 간 방울토마토 5알과 고구마 2개, 쥬스 한 병, 딸기 한 움큼 그리고 마음 길고 짧은 개인 이야기의 이메일 등이다. 학생들의 이런 위로와 속마음이 담긴 감사에 힘입어 나같은 처지에 있는 학생들과 꿈을 꾸며 어려운 가운데서도 공부하는 학생들에게 실 같은 희망이 되고자 오직 하나님만을 의지하며 최선을 다하여 오늘에 이르렀다. 마치 부모 속을 확 뒤집어놓고 "엄마 죄송해요 제가 잘못했어요." 라는 말을 들으면 상했던 마음이 눈 녹듯 녹아버리고, "엄마 내가 이다음에 커서 제일 좋은 차 사줄게"라는 말에 마치 지금 당장 제일 좋은 차를 선물 받은 듯 기뻐하는 엄마처럼, 나의 감정은 학생들의 말 한마디와 따뜻한 격려로 평정을 찾아 제자리로 돌아오곤 했으며 나의 마음의 가시와 하나님을 향한 마음이 다듬어지고 훈련되며 시간은 그렇게 학생들과 함께 흘러 여기까지 왔다.

그럴 때마다 나는 주님이 주시는 심정으로 나의 마음을 잘 다스리고 어린 아이처럼 생각하며, 날마다 주님만을 기뻐하며 그 기쁨이 나의 힘이 되고, 나에게 주어진 학생들을 더 사랑하며 마지막까지 최선을 다할 수 있도록 기도해왔으며 오직 의지할 분은 하나님이라는 것을 깨달아 왔다. 또 학생들이 학교를 졸업하고 각자의 소명에 따라 있는 자리에서 최선을 다하고 주님의 소명으로 세상을 섬길 일을 위해 기도할 때는 마음 한 편으로 안쓰럽기도 했다. 어느새 그들이 사회의 한 모퉁이에서 자기 일을 하고 아이들을 키우면서 이 세상에서 가장 힘든 일이 아이 키우는 것이라고 행복한 투정을 하며 "어떻게 아이들을 신앙으로 잘 키울 수 있느냐?"고 나에게 묻는다.

여기 묶여진 이야기들은 필자가 광석에서 보물을 캐듯 캐낸 것이 아니라 많은 책들과 정보들을 참고로 했으며 필자가 학교나 교회에서 교육심리와 아동교육을 강의할 때, 또 부모 자녀세미나와 교사세미나에서 사용했던 예화들 중 지극히 적은 일부이다. 이론만 설명하면 곧 잊어버리지만 이론을 설명한 후 예화를 제시하면 예화로 이론을 기억해서 오래 남는다고 한다. 여기있는 글들은 이론과 지식이라기보다는 이론과 지식위에 나의 삶을 덧 입혔고 우리의 자녀들이 아름다운 내일과 행복을 꿈꾸며 살 수 있도록 짧은 마음의 이야기들을 모아놓은 신앙교육 이야기이다. 자녀들을 양육하는 부모들과 교회와 학교현장에서 학생들을 대하는 교사들과 배움 가운데 있는 학생들에게 조그마한 위로와 격려가 되고 현장에서 적용되기를 바라는 마음으로 이 글을 쓴다. 대장간 배용하 사장님을 비롯하여 책 출판에 도움을 주신 모든 분들께 감사의 마음을 전한다.

2022. 2. 하늘이 보이는 새샘마을에서

저자 김난예

1부

■

아름다운 내일

베이비 샤워 Baby Shower

    새로운 아기를 기다리는 열 달 동안 산모의 뱃속에서 이루어지는 태아의 성장과정은 생물학적인 것만으로는 설명할 수 없는 그 무엇이 있다. 인도의 시인 타고르가 노래했듯이, 아기가 태어나기를 기다릴 때마다 우리는 하나님이 아직 인류를 향한 믿음을 버리지 않으셨다는 소식을 한 번 더 기다리는 것이다. 아기는 부모에게 큰 선물이고 사회에는 희망이다. 새로운 생명의 탄생은 무척 경이롭고 행복한 일이지만 두렵고 떨리기도 한다. 산고를 거쳐 태어난 아기가 부모는 물론 가족과 주위 사람들에게도 기쁨을 주지만 낯선 이 세상에 나오는 과정도 힘들다. 지금과 달리 의술이 발달하기 전에는 산모가 아이를 낳다가 죽을 수도 있었고 유아사망률도 높았기에 산모가 산통을 느끼면 그 두려움은 매우 컸었다.

    또 여자는 아기를 낳는 것이 당연한 것이라 생각했기 때문에 산모들의 산고는 오로지 여자 몫으로만 생각했었다. 생명과 기쁨은 그냥 주어지는 것이 아니라 고통의 열매이기도 하다. 이런 과정을 거치지 않고 태어나는 사람은 아무도 없지만 아이를 품에 안는 순간 이 모든 고통들을 엄마는 잊어버린다. 모든 부모들이 느끼듯, 아기들은 양육자에게 삶의 의미를 느끼게 한다. 끝없이 진실을 탐구하고 상상하며 사랑과 공감을 표현하는 아기들은 어른에게 진실, 상상, 사랑의 의미를 가르쳐준다. 양육자의 사랑 속에서 보호받으며 세상의 인과관계를 학습하고 그것을 바탕으로 새로운 상상의 세계를 만드는 아기들의 능력은 인간을 인간답게 하는 능력, 즉 자신과 세계를 바꾸는 능력을 한눈에 보여준다.[1)]

옛날부터 어른들은 출산을 앞둔 예비엄마와 태어날 아기를 축복하기 위해 그들에게 필요한 미역, 아기 배내저고리, 아기담요, 아기 목욕용품 등을 선물해 주었다. 주변의 가족과 친지들이 건강한 아기가 태어나기를 기다리며 또 건강하게 아기를 출산하도록 격려하는 것이다. 요즘에는 이것을 베이비 샤워baby shower라고 하는데 출산이 임박한 예비엄마나 갓 태어난 신생아를 축하하기 위한 행사이다. 이 파티의 주된 목적은 엄마가 되기 전 지혜와 교훈을 서로 교환하는 것이고 출산을 앞둔 예비엄마가 두려움을 잊어버리고 즐겁고 행복한 마음으로 아기를 낳을 수 있도록 친구들이 축하하고 격려하는 것이다. 예비엄마가 행복한 마음으로 아기를 맞이하며 필요한 것들을 생각할 지혜와 정보를 얻을 수 있도록 예비엄마들이나 파티에 초대된 여자들만이 참석하여 출산을 앞둔 예비엄마에게 필요한 선물을 주는 것이다.

예비엄마는 경험있는 사람들로부터 아기를 출산할 때의 마음과 준비물에서부터 산전 고통에서 산후 고통까지, 아기를 낳은 후 젖몸살을 어떻게 풀어야 하는지 등 여러 가지 필요한 것들에 대해 충고와 조언을 듣고 정보를 교환하며, 아기가 태어나기 전 예비엄마의 징후 등을 듣기도 한다. 베이비 샤워는 가족이 속한 사회와 문화에 따라 그 이름과 형태가 다를 수 있으나 머지않아 아이의 엄마가 되고 새로운 인생을 시작하는 예비엄마에게 많은 위안이 되고 재미있는 행사가 되기도 한다.

간혹 베이비 샤워가 '샤워'라는 단어 때문에 출산을 앞둔 예비엄마가 사람들로부터 샤워할 때처럼 엄청난 양의 선물공세를 받는다고 여겨지지만, 이것은 잘못된 어원이다. 베이비 샤워는 18세기 독일에서 미국으로 이주해 온 은세공이며 장사꾼이었던 프란츠 샤우어가 뉴욕 상류층을 대상으로 서로에게 선물을 주는 것을 유행시켰는데, 그의 이름을 따서 선물을 주고받는 파티에는 '샤워'가 붙는다.[2]

베이비 샤워는 캐나다와 미국을 비롯한 여러 나라에서 점차 보편화되고 있으며 영국, 프랑스, 그리고 다른 유럽에서 보편화된 것은 그리 오래되지 않았다. 요즘은 임산부와 남편이 함께 베이비 샤워 파티를 하는 추세이고, 심지어 남자들만 하는 베이비 샤워 파티도 있다. 유대인의 전통과 에티오피아의 전통에서 축하 및 선물을 주는 환영회는 아이가 태어난 후에만 이루어졌으며, 전통적인 베이비 샤워 파티는 가족의 첫 아이에 대해서만 이루어졌다. 하지만 시간이 지남에 따라 둘째 아이나 입양아를 위한 베이비 샤워 파티도 흔히 볼 수 있다.

그런데 베이비 샤워에서 가장 중요한 것은 베이비 말씀샤워이다. 인생은 울음으로 시작되지만 웃음과 기쁨으로 끝내기 위해서, 가장 사랑스럽고 존귀한 아기를 하나님께 선물로 받기위해 가장 먼저 생각하고 준비해야 할 일은 '베이비 말씀샤워'이다. 약 9개월 이상 엄마 뱃속에서 자라난 태아가 바깥세상으로 태어날 준비를 하면 예비엄마의 몸 또한 출산을 준비하도록 바뀐다. 출산이 임박한 예비엄마에게 나타나는 출산 징후는 여러 가지가 있다. 태아의 태동이 줄어들면서 배가 단단하게 뭉치거나 팽팽해지고 생리통 같은 통증이 자주 느껴지고, 소변을 자주 보게 되고 여러 호르몬의 영향으로 질 분비물이 많아진다. 또 태아가 골반으로 내려와서 허벅지 부분을 압박하기 때문에 갑작스런 경련으로 통증을 느껴 걷기가 어려워지고 쥐가 날 때도 있으며 편안하게 깊은 잠을 자는 것이 힘들어지기도 한다.

아기를 선물로 받기 전부터 부부가 기도하며 기다리지만 아기가 태어날 신호를 보내면 이때부터는 더욱더 말씀으로 예비엄마와 가족들이 아기와 엄마를 축복하고 격려해야 한다. 험난한 이 세상을 웃으면서 기쁨으로 행복하게 살며 한 생명에게 맡겨질 사명을 잘 감당하며 사는 것이 하나님의 뜻이기 때문에 이때야말로 말씀의 샤워가 필요하다. 곧 태어날 아기에게 말씀을 읽어주고 들려주고 말해주고 암송하고 묵상하는 베이비 말씀샤워는 '주의 말씀은 내 발에 등이요 내 길에 빛입니다' 라는 시편 119:105의 말씀대로 이 세상을 살게 하는 길을 마련해 주는 것이다.

사람들은 흔히 인생을 어두운 밤길을 걷는 것에 비유하는 것처럼 우리가 사는 세상은 죄악과 어두움에 싸여 있는 것이 분명하다. 한 어린 아이가 태어나서 이 세상을 살아가는 동안 견디기 어려운 일이 앞길을 가로막고 캄캄하여 앞길이 보이지 않을 때, 주님의 말씀이 걸어가야 할 길을 환한 빛으로 비춰준다니 이 얼마나 큰 복음의 말씀인가?

시편 119편은 성경에서 가장 긴 176절로 되어 있다. 히브리어의 22개 알파벳의 첫 자를 따서, 하나님의 말씀이라는 주제로 각 알파벳마다 8절씩으로 된, 문학적으로도 아주 놀랍고 잘 짜인 시다. 이 시편에서는 하나님의 말씀 외에는 인생의 밤을 밝힐 만한 또 다른 등불은 없다고 노래한다. 어두운 밤에 넘어지지 않고 똑바로 걸어가려면 반드시 하나님의 말씀으로 태어나기 전부터 말씀샤워 해야 한다. 신앙적으로 생각하지 않으면 가문, 지식이나 사회적 성공, 돈과 명예 등이 등불이 되어 사람의 길을 환하게 비추어주는 것 같으나 그런 것들은 잠시일 뿐이다. 그런 것들이 길을 비추어주는 것을 부인할 수는 없지만, 언제 어느 순간에 불어오는 바람에 꺼져 캄캄한 길에 발을 헛디뎌 쓰러져 크게 다치거나 아예 낭떠러지에 떨어져 죽는 경우가 많다. 오직 하나님 말씀의 등불만이 어두운 인생길을 환하게 비추어주는 등불이다.

하나님의 말씀이 등불이라는 것은 인생을 살아가는 데 꼭 필요한 지혜를 준다는 의미가 있다. 그래서 하나님의 말씀을 다른 말로 바꾸면 '지혜의 말씀'이라고 할 수 있고 이 지혜를 찾는 사람은 복이 있다. 잠언 3장 13절부터 17절에 기록된 말씀이다.

> "지혜를 찾는 사람은 복이 있고, 명철을 얻는 사람은 복이 있다. 참으로 지혜를 얻는 것이 은을 얻는 것보다 낫고, 황금을 얻는 것보다 더 유익하다. 지혜는 진주보다 더 값지고, 네가 갖고 싶어 하는 그 어떤 것도 이것과 비교할 수 없다. 그 오른손에는 장수가 있고, 그 왼손에는 부귀영화가 있다. 지혜의 길은 즐거운 길이요, 그 모든 길에는 평안이 있다." 잠 3:13-17

지혜의 근원인 하나님 말씀으로 베이비 말씀샤워를 하는 것이 다른 선물로 하는 것보다 더욱 중요한 이유가 이것 때문이다. 예비엄마와 예비아빠들은 이렇게 좋은 베이비 말씀샤워를 안 할 이유가 없기에 기회를 만들어 말씀을 읽고 듣고 힘써 아기에게 들려주어야 한다. 또 주변 친인척과 주변의 신앙공동체 사람들도 베이비 말씀샤워를 하며 축복해 주어야 한다. 신앙공동체가 믿음으로 새 생명의 자녀를 맞이하는 부부들에게 베이비 말씀샤워를 기회가 있을 때마다 해주어 이 시대의 예비부모들을 격려하고 인도하면 좋겠다. 베이비 샤워를 위해 백화점이나 신생아 용품 가게에서는 신생아를 위한 목록을 소비자들에게 제공하기도 하고, 신생아를 양육하는 데 필요한 물품들이 적혀 있다. 세상의 비즈니스에서도 이렇게 서비스를 제공하는데 신앙의 공동체에서도 예비부모들을 위한 말씀샤워는 물론 신앙공동체 예비부모들에게 필요한 것들을 알려주고 또 필요한 물건들을 서로 나누고 아껴쓰고 받아쓰는 아름다운 전통들이 이어져야 한다.

필자는 개인적으로 아기를 임신하여 낳을 때까지 성경을 1독했다. 임신 사실을 안 직후부터 예수님의 어머니, 마리아가 예수님을 안고 있는 사진을 구하여 거울에 붙여두고 매일 아침 '예수님 같은 멋진 아이를 주세요!'라고 기도했다. 임신 8-9개월에는 숨이 차고 불편하여 밤잠을 잘 못 잘 때에는 불을 밝히고 성경을 소리 내어 태아가 들을 수 있도록 읽었다. 시편 기자가 119편 98-100절에서 고백한 것처럼 신앙공동체의 예비부모들과 공동체 구성원들의 고백이 되었으면 좋겠다. "주의 계명이 항상 나와 함께하므로 그것이 나로 원수보다 지혜롭게 하나이다. 내가 주의 증거를 묵상하므로 나의 명철함이 나의 모든 스승보다 승하며, 주의 법도를 지키므로 나의 명철함이 노인보다 승하니이다"시편119: 98-100.

베이비 말씀샤워 때에 받았던 카드는 버리지 말고 간직해 두었다가 아이가 자랄 때 혹은 아이가 실망하거나 자존감이 낮아 졌을 때, 무기력증에 시달릴 때, 어려움을 당할 때 보여주면 새로운 힘을 얻을 수 있어서 도움이 된다. 모든 사람들에게 사랑받으며 태어났고 귀중한 존재임을 상기시켜 주는 것이다.

주의 말씀은 내 발에 등이요 내 길에 빛입니다. 시119:105

---

1) 앨리슨 고프닉(2011). 우리 아이의 머릿속, 김아영 역, 랜덤하우스, 9장 참고.
   (The Philosophical Baby)
2) 참고문헌: 위키백과.

믿음의 결정적 시기

　인간에게는 잠재력과 가능성이 있는가 하면 어떤 심리적 특성이나 행동이 이루어지는 특정한 시기가 있다. 즉 어떠한 심리적 특성 혹은 행동이 특정 시기가 지나버리면 획득하기 어렵다는 발달의 비가역적 성격을 가지고 있는데 이 시기를 결정적 시기^{critical period}라고 한다. 따라서 결정적 시기란 발달이 가장 민감하게 가속화되는 최적의 시기이다. 어떤 기술이나 행동은 결정적 시기 이전이나 이후에도 발달이 불가능한 것은 아니지만, 최적기보다는 발달이 더디거나 멈추어 있을 수 있다. 결정적 시기 현상은 보통 조류의 각인^{imprinting}으로 설명된다. 대부분의 동물은 태어날 때 학습되지 않은 본능적 행동의 전반적 양상은 선천적으로 갖추고 있지만 어떤 특수한 자극에 대한 지식을 갖지 않고 태어난다. 이 본능적 행동이 초기의 결정적 시기에 갖춰질 때 이를 각인^{imprinting}이라고 한다.

　오스트리아의 동물행동학자이며 동물행동학 및 비교행동학의 창시자로 꼽히는 로렌츠^{Konrad Z. Lorenz, 1903-1989}는 오스트리아의 알텐베르크에서 부유한 정형외과 의사의 아들로 태어났다. 그는 어렸을 때부터 대저택에 살면서 수많은 동물들을 만나고 그들과 교감할 수 있었다. 정원에는 기러기와 오리는 물론 앵무새, 카나리아, 나이팅게일과 같은 수많은 새들이 둥지를 틀고 살고 있었다. 집안은 수족관으로 가득 차 있었고 긴꼬리원숭이와 같은 이국적인 동물들도 심심찮게 볼 수 있었다. 그는 동물관찰에 몰두하면서 자신이 관찰한 내용들을 모두 관찰일기로 남겨놓았다. 로렌츠는 자연 속에서 살아가는 동물을 직접 찾아가서 연구하고, 집에 야생동물을 키우면서 동물 행동에서 본능이 중요한 역할을 한다는 사실을 알았다. 특히 거위와 오리에 대한 연구를 통해 조류는 태어나서 처음 본 움직이는 물체를 어미로 인식하는 본능을 갖고 있음을 발견한 것으로 유명하다. 어미 거위 대신에 로렌츠가 새끼들을 키웠더니, 거위 새끼들은 그를 '어미'로 여겼다. 이들은 같은 종인 다른 거위들을 무시한 채 로렌츠가 가는 곳마다 열심히 줄지어 따라다녔다. 즉 거위 새끼들은 로렌츠를 각인했고 초기의 결정적 시기에 자기가 본 움직이는 첫 번째 물체를 따라가는 것이다. 그래서 로렌츠는 각인이 결정적 시기critical period 동안에 일어난다고 하였다. 각인은 어린 동물이 일단 생후 초기의 특정한 시기 동안 어떤 대상에 노출되어 그 뒤를 따르게 되면 그 대상에 애착을 갖게 되는 것을 의미한다.

만약 결정적 시기 이전이나 이후에 대상에 노출되면 애착이 형성되지 않는다. 일단 결정적 시기가 경과해 버리면, 다른 대상에게 애착하도록 유도하는 것이 불가능해진다. 조류는 알을 깨고 나오는 극히 짧은 순간에 만난 대상을 어미로 인식한다. 이런 각인현상은 특정한 시간 내에서만 성립이 된다. 새끼오리가 실험자의 뒤꽁무니를 따라 다니는 행동을 관찰한 결과, 알을 깐 후 13시간 내지 16시간 사이에 각인이 가장 잘 일어나고, 30시간이 지나면 거의 일어나지 않는다. 이 각인효과의 지속성은 동물의 경우 거의 영속적이고 불가역적이어서 평생 다시는 제자리로 되돌아가지 않는다.

이와 같은 각인현상은 인간에게도 나타난다. 슬럭킨A. Sluckin은 사람의 공격적 행동, 이성을 선택하는 경향, 엄마에 대한 이미지, 타인에 대한 애착, 주변 세계를 탐색하는 행동 등이 각인의 영향을 깊이 받는다고 하였다. 특히 애착형성의 결정적 시기인 생후 1년 이내의 '애착경험 결핍'은 최고의 스트레스로서 정서장애 및 학습장애를 일으킬 수 있다. 아기가 태어나서 생후 3년간은 결정적 시기로 영유아에게 풍부한 경험이 가능한 환경을 조성해주어야 한다. 이 시기에 적절한 경험 자극이 주어지지 않으면 학습 능력뿐 아니라 신체적, 정서적 발달 등 전반적인 발달이 늦어질 수 있다. 단, 이때의 경험은 긍정적이어야 한다. 에릭슨은 유아기가 기본적인 신뢰감을 형성하는 데 있어 결정적 시기라고 하는 반면, 피아제는 유아기가 감각운동적 사고를 획득하는 데 있어 결정적 시기라고 한다.

결정적 시기는 뇌와 관련이 있다. 감각에 대한 대뇌피질 지도를 제작한 신경외과 전문의 와일더 펜필드가 1959년에 제안한 것을 1967년 미국의 언어학자 에릭 레너버그Eric Lenneberg 교수가 심화 연구하여 '언어의 생물학적 기초'로 발표하였다. 그의 언어습득의 결정적 시기 가설은 생물학적으로 9세-12세가 넘으면 모국어 습득에 장애가 생기며 정해진 특정 시기에는 주변 환경에 자연스레 노출되는 것만으로 언어를 습득할 수 있다고 한다. 이러한 이유에서 제2언어인 외국어도 원어민만큼 유창하게 못하는 요인의 하나로 작용한다.

언어 습득에 결정적 시기가 있다는 실제적 사례가 있다. 1957년 지니는 캘리포니아 주 아카디아에서 태어났다. 약 20개월이 지났을 때 "약간의 정신지체 증상을 보일 수 있다"는 진단으로 지니 아버지는 아이를 침실에 가둬 길렀다. 지니의 아버지 클락은 정신병을 앓고 있었으며, 지니 엄마 또한 복합적인 정신병을 앓고 있었다. 지니가 조그마한 소리라도 내면 클락이 다가와 아이를 힘껏 내려치며 얼굴에 시퍼런 핏줄이 설 때까지 고함을 질러댔고 짐승이 으르렁거리는 소리를 내고 위협하며 큰 막대로 아이를 때렸다. 낮에는 기저귀를 찬 채 아동용 변기에, 밤에는 침낭에 묶여 있었지만 지니 엄마는 어린 시절 겪은 사고로 시력을 잃다시피 했기에 학대받는 딸을 위한 그 어떤 조치도 하지 못했다. 지니 오빠는 아버지를 제지하기에 너무나 어렸다. 클락의 무시무시한 압박 속에서 엄마와 아들은 그저 숨죽여 지낼 뿐, 지니와 그 어떤 관계도 맺기를 두려워했다. 감금 상태로 살며 외부로부터의 자극이나 움직임이 거의 없었던 지니는 신체적, 정신적 발달에 악영향을 받았다. 뇌의 상당 부분이 제대로 발달하지 못했고, 뜨겁거나 차가운 감각도 느끼지 못했으며 곧은 자세로 걸을 수도 없었고 말할 수도 없었다. 13세가 되었을 때에도 지니는 여전히 6-7세 아이의 모습을 하고 있었다.

1970년 지니 엄마는 집에서 몰래 딸아이와 함께 도망쳐서 캘리포니아의 한 생활보호소를 찾아갔다. 그때 지니는 언뜻 6-7세로 보였고 극심한 영양결핍 증세를 보였으며, 두 발로 선 네 발 짐승 같은 손 모양을 하고, 끊임없이 쿵쿵거리고 침을 뱉고 할퀴어댔다. 지니와 지니엄마를 만난 사회복지사는 아이가 자폐증을 갖고 있다고 생각했지만 아이가 13살이라는 사실을 알고 문제가 심각하다는 것을 직감하여 로스앤젤레스 보안국에 신고했다.

아동 병원으로 이송된 지니는 심리학에서 언어학에 걸친 다양한 분야 전문의들의 연구 대상이 되었다. 특히, 연구진은 이미 언어를 습득하기에는 결정적 시기가 지난 지니가 언어를 익힐 수 있는가에 대해 큰 관심을 보였다. 지니는 13살임에도 언어능력이 없어서 구사할 줄 아는 단어는 20개 정도에 불과했다. 그나마 "안돼" "그만" 등 부정적인 단어로 일관되었으며, 앞뒤 상황과 관계없이, "파란색" "주황색" "엄마" "가라" 등 몇 안 되는 단어만을 내뱉곤 했다.   사회적인 행동 역시 발달하지 못했다. 스트레스를 받는 상황이 되면 그대로 똥오줌을 지렸다. 스스로 서서 혼자서 옷을 입을 수 있게 되었으나 수동적인 태도로 일관하며 타인과의 공감이 불가능했다. 수개월 간의 언어치료 끝에 한 단어로 된 대답을 할 수 있었고 사람들과의 소통은 대충 이뤄졌으나 4년이 지나도록 별다른 진보는 나타나지 않았다. "사과소스가 가게를 산다." 식으로 단어를 나열하고 문법에 맞지 않는 문장 정도만 구사할 수 있을 뿐 어떤 문장도 지어내지 못했다. 감금된 어린 시절, 언어를 관장하는 뇌의 특정 부위가 영구적인 손상을 입었기 때문이다. 그래도 사람들과 어울리면서 사회성이 발전해나가던 지니는 연구 지원금이 끊기자 어린 시절 극심한 고통 속에 살던 그 문제의 집으로 돌아가 엄마와 함께 살게 되었다. 정신이 오락가락하는 엄마는 결국 지니를 제대로 키우지 못하자 위탁 받은 양부모들 집을 전전하고, 몇 곳에서는 또다시 학대를 받으면서 결국 다시 입을 다물었다. 현재 65세가 넘은 지니는 로스앤젤레스의 한 요양원에 정착해 살고 있다.[1]

　이와는 달리 유년기의 상처는 평생 지울 수 없다는 가정을 반증하는 사례로 널리 알려진 '루마니아 고아들' 사례는 다른 가능성을 보여준다. 영국 중산층 가정에 입양된 루마니아 고아들 중 상당수는 시간이 흐른 후 정상으로 회복되었다. 회복된 아이에게 초점을 맞추느냐 회복되지 못한 아이에게 초점을 맞추느냐에 따라 완전히 다른 결론으로 이

어짐을 지적한다.[2] 인간의 정신은 전 생애에 걸쳐 끊임없이 변화하고 발달하기 때문에 결정적 시기 이후에도 어떤 사람을 만나고 어떤 환경에서 어떤 경험을 하느냐에 따라 인생 초기에 부족한 부분은 충족할 수 있다고 한다.

신앙교육에도 물론 결정적 시기가 있다. 교육경제학적인 면에서 보면 5세 이전의 아이들에게 5달러를 투자하는 것이 성인에게 100달러를 투자하는 것보다 효과적이라고 한다. 신앙교육의 목적은 자녀들이 예수님을 만나서 항상 기뻐하며 모든 일에 감사하고 쉬지 않는 기도생활을 하여 하나님을 기쁘시게 하려는 것이다. 이렇게 살도록 어렸을 때부터 부모와 교사로부터 신앙으로 잘 양육하고 돌보고 가르침을 받는다면 더 없이 좋은 일이다. 그러나 이러저러한 이유로 가정이 깨어져서 제대로 신앙교육이 이루어지지 않았거나 또 성장한 후에 예수님을 만났다하더라도 예수님은 그들에게 신앙의 결정적 시기를 주신다. 구원의 결정적 시기는 우리가 알지 못하지만 어렸을 때 복음에 잡히고 예수님을 인격적으로 만나는 경험을 가졌던 그렇지 못했던 동일하게 하나님의 때에 하나님께서 주시되 우리가 간절히 원하고 예수님을 찾고 부를 때 그 때가 신앙의 결정적 시기가 된다.

1) Russ Rymer(1994), Genie: A Scientific Traged, https://www.amazon. com/Genie-Scientific-Tragedy-Russ-Rymer/dp/0060924659
2) 앨리슨 고프닉(2011). 우리 아이의 머릿속, 김아영 역, 랜덤하우스, 212. (The Philosophical Baby)
　 그 외 자료
　 박경자(1998년), 심리언어학사, 한국문화사.
　 토마스 스코펠(2001), 성명희·한호·권나영 공역, 심리언어학, 도서출판:박이정.

깨진 유리창 법칙 broken windows law

　인간이 살아가는데 기본질서나 예절을 지키지 않는 사람들을 사소한 것이라는 이유로 못 본 척하거나 제재하지 않는다면 우리 사회는 기초질서가 무너지고 슬럼화되며 범죄가 만연하게 될 것이다. 특히 어린이들이 식당이나 지하철 같은 공공장소에서 이리저리 뛰어 다니며 소리를 지르고, 휴지를 아무데나 버리는 모습을 쉽게 볼 수 있다. 그런데 이런 행동을 하는 자녀들의 부모들은 아이가 아직 어려서 그런 것이고 성장하면 그런 행동을 하지 않을 것이라는 안이한 생각과, 내 아이가 최고라는 이기적 과보호로 올바른 생활습관 형성 교육에 방관자적인 태도를 보인다. 정말 아이들이 크면 자연적으로 그런 행동을 하지 않을까? 습관은 후천적 경험학습으로서 연습과 반복에 의해 습득되고 형성된다. 그래서 행동주의 심리학자 왓슨Watson은 습관을 학습과 같은 것으로 이해하였으며 어릴 때부터 기본적인 생활 습관을 중요시 하였다.

　기본 생활습관이란 한 개인이 생명을 유지하거나 사회에 적응하기 위해서 꼭 지켜야 할 생활습관이다. 유아기는 사회생활을 위한 기본 생활습관 및 공동체 생활의 기본 태도를 습득하는 가장 중요한 시기이다. 유아기 때 형성하지 못한 생활습관을 어른이 되어서 습관화하기는 더욱 어려울 뿐 아니라 이 때 형성된 생활습관의 틀은 유아의 성장을 주도하는 인격형성의 바탕이 된다. 듀이J. Deway가 인간은 습관에 의해 움직이는 것이지 이성이나 본능에 의해 움직이는 것이 아니라고 한 것은 습관의 중요성을 말해 준다. 바람직한 생활습관을 갖는 것은 개인의 자아실현뿐만 아니라 사회생활을 원만하게 유지하면서 다른 사람들과 더불어 사는 궁극적인 인간관계를 형성하는데 그 기초가 된다. 따라서 어릴 때부터 몸과 마음이 균형 있게 자랄 수 있도록 일상생활에 필요한 기본 생활습관을 내면화하고, 사람과 자연을 존중하고 다른 사람을 배려하는 습관형성을 도모해야 한다.

자녀들의 기본생활습관이 형성되는 곳은 어린이가 태어나서 처음 접하게 되는 가정이며, 그 부모로부터 받은 교육이 일생을 통해 많은 영향을 미친다. 가정은 기본 생활습관이 형성되는 최초의 사회 환경이며 유아들에게 육체적, 정신적 성장환경을 제공함과 동시에 사회에 적응할 수 있는 여러 가지 방법과 인간관계와 사회적 질서를 배우는 곳이다. 인간관계나 질서를 준수하는 것이나 일상의 삶에서 의도적이지 않은 아주 작은 사소한 것이기에 잘못된 행동을 그대로 넘긴다면 그것이 습관이 되어 돌이킬 수 없는 결과를 가져온다.

필자는 미국 뉴욕에 있는 공동체를 방문할 때마다 브루클린을 비롯한 빈민가를 찾아가는데 해마다 깨끗해지는 것에 놀라곤 한다. 깨진 유리창 법칙의 효과가 크다는 것을 느낀다. 미국 스탠포드 대학의 필립 짐바르도Philip G. Zimbardo 심리학 교수의 여러 가지 실험연구 중 하나가 1969년 차의 깨진 유리창에 대한 것이다. 짐바르도 교수는 허름한 골목에 두 대의 자동차를 둔다. 한대는 보닛만 열어놓은 채 방치해 두었고, 한대는 유리창을 조금 깬 상태에서 약간의 낙서를 하고 보닛을 열어둔 채 방치해 두었다. 처음에는 약간의 차이가 있었을 뿐인데 시간이 지날수록 두 자동차에는 엄청난 차이가 생겼다. 보닛만 열어둔 자동차는 1주일간 특별한 변화가 일어나지 않았다. 그러나 낙서가 있고 유리창이 깨어진 자동차는 10분 만에 배터리가 없어지고 차량 부품이 도난당했다. 차가 더 심하게 부수어지고 말로 표현할 수 없는 낙서가 생겼고 파괴되었으며, 1주일 후에는 그 상태가 엉망으로 변했다. 단지 유리창을 조금 파손시켜 놓았을 뿐인데 그 차이는 엄청났다. 이 실험으로 '깨진 유리창broken windows 법칙'이 생겨나게 되었고, 깨진 유리창의 이론을 사회 정책에 반영한 사례가 뉴욕시의 치안 대책이었다. 1980년대 뉴욕의 지하철은 범죄의 온상으로 연간 60만 건의 범죄가 발생했다. 심지어 여행객들에게는 뉴욕에서 지하철을 타지 말라는 말까지 생길 정도였기에 뉴욕시는 범죄를 줄이기 위한 방법을 찾기에 고심하고 있었다. 1982년 제임스 윌슨은 뉴욕시의 슬럼화를 설명하며 '깨진 유리창 이론'을 적용 발표하였다.

뉴욕 어느 마을에 빈집이 하나 생겼다. 어느 날 이 빈집에 한 어린아이가 돌을 던져 유리창을 깨트렸으나 사람들은 이를 대수롭지 않게 여겼다. 그 후 동네 아이들이 하나 둘씩 그 집 유리창을 깨뜨리더니 결국 그 집의 유리창 전부를 깨트렸고, 그 유리 조각을 거리로 옮기며 놀게 되었다. 얼마 후 유리조각은 지나다니는 행인들에 의해 잘게 부서졌고, 유리 파편이 흩어진 골목길에 쓰레기를 버리는 사람이 하나 둘 늘어나 급기야는 그 마을이 음산해졌다. 이런 분위기 때문에 이사를 가는 사람들이 생겼고 점점 빈집이 늘어났으며, 아이들은 또 다시 주인 없는 집에 돌을 던져 유리창을 깨부수는 과정이 반복되었다. 윌슨은 이 이야기를 통해 "공동체가 관심을 기울여야 할 일에 무관심 할 때 공동의 이익은 위협받게 된다.”는 깨진 유리창 이론을 주장하였다.

　미국의 라토가스 대학의 겔링 교수는 뉴욕 지하철의 범죄를 줄이기 위해 ‘깨진 유리창의 법칙broken windows law’을 적용하기를 제안한다. 겔링 교수의 제안을 받은 교통국의 데빗 간 국장은 치안 회복을 목표로 하여 뉴욕 지하철의 낙서를 지우기로 결정하였다. 처음에는 사람들이 비웃었지만 6천여 대의 차량 낙서와 지하철의 낙서를 지우는데 5년이 걸렸고, 1998년 낙서가 완전히 지워지고 난 뒤의 변화는 정말 놀라웠다. 무려 74%의 범죄가 줄었다. 이를 알게 된 뉴욕시장 루돌프 줄리아니는 뉴욕의 범죄를 예방하기 위해 도시의 낙서를 지우는 계획을 세웠다. 낙서를 지우고, 쓰레기 버리는 것을 막고, 보행 신호를 지키도록 한 결과, 뉴욕시 범죄 발생률이 엄청나게 줄어들었다. 비로소 뉴욕은 범죄의 도시라는 오명을 벗게 되었다. 깨진 유리창 법칙이란 깨진 유리창 하나를 그대로 둔다면 곧이어 더 큰 범죄로 이어진다는 이론으로 심리학과 범죄학계에서는 가장 신뢰받는 이론 중 하나이다.

　그러면 우리는 왜 ‘깨진 유리창 법칙’에 관심을 가져야 하는가? 미국의 엔터테인먼트 창업자 겸 사장인 마이클 레빈은 ‘깨진 유리창 법칙’을 비지니스에 접목시켜 큰 주목을 받았다. 그는 '깨진 유리창 이론'을 기업경영과 조직 관리에 적용하였다. 즉 기업이나 조직에서 깨진 유리창 문제는 어떻게 그리고 왜 발생하는지, 깨진 유리창은 어떻게 수리를 해야 하는지, 깨진 유리창을 신속히 수리한 기업이 얼마나 큰 보상을 얻을 수 있는지에 대해 생생하게 보여주고 있다. 예를 들어 더러운 화장실이 비즈니스를 망치고, 페인트칠이 벗겨진 식당은 음식도 맛이 없으며, 병원 주차장에서 기분이 나쁘면 의사에게 화를 낸다고 말한다. 시민들은 강력 범죄보다 일상의 작은 범죄를 두려워하기 때문에 사소하게 깨진 유리창이 하나라도 있다면 미루지 말고 즉시 수리해야 한다는 것이다. 똑같은 제품이나 서비스를 제공하는데 어떤 회사는 승승장구하고 어떤 회사는 실패하는지, 잘 나가던 회사가 문을 닫게 되는 이유는 무엇인지 등에 대한 해답을 레빈은 바로 '깨진 유리창 법칙'에서 찾는다. '이거 하나 정도는 적당히 넘어가도 괜찮겠지' 라며 소홀히 해왔던, 작은 것의 위대함을 알려주고 있다.[1]

깨진 유리창의 법칙을 적용하여 디테일한 것 사소한 것을 중요하게 여겨 성공한 사례가 미국의 노드스트롬 백화점이다. 이 백화점에서는 탈의실에서 옷을 입어보는 고객에게 간단한 간식을 접대하거나 추운 날에는 미리 고객을 위해 차를 따뜻하게 데워 놓는 등 고객 감동 서비스를 제공하여 일류 백화점으로 발 돋음 하였다.[2]

사람의 관계나 인격을 망가뜨리는 것도 큰 것들이 아니다. 아주 사소한 행동과 말로 금이 가면 곧 깨질 수 있다. 사소한 것들이 모여 인생이라는 그림을 완성한다. 사소한 것들의 소중함과 위대함을 알아야 한다. 삶의 여정에서 어떤 일에 만약 실패했다면 그 실패의 원인이 내가 감당 할 수 없는 어떤 큰 문제 일 것이라고 생각한다. 물론 그럴 수도 있다. 그러나 내가 충분히 감당 할 수 있었던 사소한 문제였을 수도 있다는 것도 또한 알아야 한다. 성공으로 가는 길은 아주 사소하고 작은 실천을 하는 일이다. 때때로 사소한 일이 위대한 결과를 가져오는 것을 볼 때 사소한 일이란 결코 없다고 생각한다.

인간이 살아가는데 사소한 기초질서나 예절을 적은 것부터 지켜야 하고 불의에 대해서는 손해가 되더라도 맞서지 않으면 우리 사회는 기초질서가 무너지고 슬럼화되며 범죄가 만연하게 될 것이고 이 세상은 쓰레기 같은 세상으로 변하고 말 것이다. 작은 것 하나를 실천하는 것이 곧 사랑이다.

아프리카에 사랑을 활짝 피운 슈바이처에게 기자들이 왜 의사가 되었는지를 묻자 이렇게 대답했다. "말로만 사랑할 수는 없잖아요?"

---

1) 마이클 레빈(2019). 깨진 유리창 법칙: 사소하지만 치명적인 비즈니스의 허점. 김민주, 이영숙 역, 흐름출판. (원제:Broken Windows, Broken Business)
2) 왕중추(2020). 작지만 강력한 데테일의 힘, 허유영 역, 올림, 16.(원제:細節決定成敗)

잠재력과 가능성

집 베란다에서 키우는 화초나 식물은 종류가 여러 가지인데 그 특성이 각기 다르다. 햇볕을 좋아하는 것도 있고 그렇지 않은 것도 있으며, 물을 많이 필요로 하는 것도 있고 그렇지 않은 것도 있고, 빨리 성장하는 것과 그렇지 않은 것도 있다. 식물도 각자의 기질과 개성이 다양하기에 각자의 특성을 존중하면서 잘 성장할 수 있도록 적절한 환경을 제공하는 것이 화초를 키우는 사람들의 기본적으로 가져야 할 중요한 자세이다.

관음죽Lady palm은 중국남부, 베트남, 라오스 등이 자생지로서 야자과 식물이며 공기정화식물 중의 하나로서, 월버튼 박사의 공기정화 테스트에서 2위에 오른 식물이다. 해충에도 강한 저항력이 있고 공기 중의 유해물질인 암모니아, 프롬알데히드 등을 제거하는데 뛰어나 실내공기 개선에 가장 적합한 식물로 미국에서 대단히 인기가 높은 식물이다. 생육은 느린 편이고 관리하기가 용이해 초보자도 기르기 쉬운 식물이다. 나의 첫째 아들이 초등학교에 입학하던 해 봄 날 오후에 아파트 입구에서 화분을 가득 실은 트럭 아저씨가 조그만 플라스틱 화분에 심겨진 어린 관음죽을 팔며 들려준 이야기이다. 신이 난 듯 이야기를 들려주는 아저씨의 강력한 권유로 첫째 아들 초등학교 입학을 기념하여

산에 나무는 못 심지만 집안에 나무 한그루 키울 생각으로 어린 관음죽을 새 식구로 맞이하였다.

　몸을 도는 혈액이 산소를 구석구석 공급하고 탄산가스를 배출하면 커다란 관음죽이 그 공기를 정화해서 우리 가족이 건강해 질 것을 바라며 어린 관음죽에 대한 기대를 했다. 아침에 일어나면 관음죽을 보며 "너에게 싱그러움이 있구나!"라고 말하면서 그가 성장하는 것을 지켜보았다. 해가 지나면서 좀 더 큰 화분에 옮겨 심고 비료도 주자 제법 소년처럼 자라났다. 그러나 10년이 지나도 눈에 확연히 띌 만큼 훤칠하게 크지 않았다. 다른 나무들은 쑥쑥 커서 거실과 베란다가 작은 숲 같은 느낌을 주건만 관음죽은 더 이상 자라지 않았다. 나는 더 이상 자라지 않은 관음죽에게 관심이 없어져서 15년이 지나자 아파트 밖의 현관 입구 한 구석진 곳에 내놓았다. 솔직히 '죽으려면 죽어라'라고 팽개친 것이다. 하지만 이상하게도 아파트를 드나들 때마다 나의 눈은 그곳에 머물렀다. 쌀쌀해진 늦가을, 바람이 부는 날 밤에 밖에서 혼자 찬바람을 맞이하고 있을 관음죽을 생각하니 마음이 언짢았다. 관음죽과 함께 했던 날들을 생각하니 내가 너무 심했다 싶어 잠이 오지 않았다. 아침이 되길 기다렸다가 관음죽을 집으로 들여왔다. 사방팔방으로 흙에 싸인 화분과 잎을 하나하나 닦으며 미안한 마음으로 말했다.

　"나쁜 주인을 만나서 네가 고생했구나, 미안하다."

　미안해하는 나를 위로하려는 듯 그의 얼굴은 예전보다 더욱 빛나고 건강해 보였다.

"나를 세상 밖에 보내주어 그동안 이 아파트에 사는 사람들을 만나서 좋았어요, 904호 아저씨와 아줌마도 알게 되고, 503호 할머니도 알게 되었고, 1203호 애들도 친구가 되었어요. 나를 가끔씩 툭툭 쳤던 604호 형은 서울로 이사 갔어요. 때로는 경비 아저씨가 나를 못마땅하게 생각했지만, 나름대로 좋은 시간을 가졌거든요. 당신에게 감사하다고 말하고 싶어요! 그리고 참, 한 가지 잊을 뻔 했네요! 나는 당신이 기대하는 만큼 키가 크지도 않고 빨리 자라는 나무도 아니에요. 당신의 기대에 부응하지 못해서 정말 미안해요."

그때서야 나는 15년 전 화분을 팔았던 아저씨의 말- 이 관음죽은 생육이 느린 편이라는 것-이 생각났다. 그의 타고난 유전적 특성을 알지 못하고 그에게 맞지 않은 비료도 주면서 커다랗게 자라서 거실에 많은 산소를 공급해 주고 공기를 정화시켜 주기를 바랐던 것이다. 미안한 마음으로 인터넷을 뒤져가며 관음죽의 특성과 물주는 방법 등 관리법을 알고 그에게 맞는 환경을 조성하여 키웠더니 잎에서 윤기가 나고 싱싱함을 유지했으며 키도 조금 자랐다. 동식물에게 있어서 유전적 요인이란 그 개체에 생물학적 가능성의 궁극적인 한계성을 제시하기에 환경은 매우 중요하다.

인간게놈 연구 결과 사람은 약 4만개 정도의 유전자를 갖고 있는 것으로 추정되고 태어날 때 부모로부터 2만 2천개 정도의 유전자를 물려받는다고 한다. 유전은 겉으로 드러나는 형질뿐 아니라 생명체의 행동에도 직접 영향을 미치기 때문에 유전과 관련하여 궁금한 점은 한두 가지가 아니다. 일란성 쌍생아인데 그들의 성격과 특성이 다른 것은 무엇 때문인가? 사람마다 모습이 다른 것은 어떤 유전자 때문인가? 차이점은 무엇인가? 등 다양한 질문들이 있을 것이다. 유전공학과 의학계에서는 유전자에 대한 연구가 활발하다. 교육에서는 인간이 가지고 태어난 저마다의 유전적 특성과 그 곳에 숨겨진 재능에 관심을 갖는다. 재능은 타고나는 것이지만 타고난 재능이 반드시 뛰어난 능력으로 이어지는 것은 아니다. 어떤 사람은 자신의 재능과 관련된 분야에서 두드러지게 활약을 하지만 어떤 사람은 그런 재능을 갖고 있었는지조차 몰라 볼 정도로 전혀 다른 삶을 살거나 평범하게 살아가기도 한다. 어릴 때 보이던 명석함이나 두드러진 재능이 점차 사라지는 경우도 있다.

그러나 이 세상에 평범한 아이는 하나도 없으며 어떤 재능으로든 발전할 가능성을 가지고 있다. 다만 어떻게 키워주느냐에 따라 놀라운 재능으로 발전하기도 하고 그렇지 못하기도 한다. 자녀들의 잠재적 재능을 개발한다고 하면 먼저 생각되는 것은 음악이나 미술, 체육, 과학, 수학과 같은 어떤 특정한 분야에서 뛰어난 능력을 가져야 한다고 생각하지만 문학, 역사, 정치, 철학, 심리학 등 인문·사회분야도 재능을 발휘할 수 있는 영역이다.

중요한 것은 자녀에게 어떤 '가능성possibility'과 '잠재성virtuality'이 있는지 파악하는 것이다. 보통 가능성과 잠재성을 구분하지 않고 쓰지만 엄밀히 말하면 차이가 있다. 사전에서 두 단어는 큰 차이를 갖고 있는데 마치 반대처럼 느껴지기도 한다. 가능성은 "일이 이루어지거나 실현될 수 있음"을 뜻하고, 잠재성은 "겉으로 나타나지 않고 속에 숨어 있는 성질"을 가리킨다. 지금, 여기 기존의 현실로부터 일이 이뤄지거나 실현될 수 있는 것을 가능성이라 하고, 겉으로 드러나지 않고 숨겨져 있지만 창조적인 역량을 가진 것을 잠재성이라 한다. 꽃씨와 꽃의 예를 들면, 아직 성장하지 않은 꽃 종자는 잠재력이며, 그 씨가 꽃이 된 단계는 실제라는 가능성이다. 실제 그 의미에서 현저한 차이가 있음에도 불구하고 이 둘은 미래의 성취를 위해 개인이나 집단에게 요구되는 능력의 이름이다.

따라서 자녀가 지닌 가능성과 잠재력에 대한 올바른 탐색과 판단은 자녀의 미래를 설계하는데 대단히 중요하다. 하나님은 누구에게나 달란트를 선물로 주셨다. 그것이 다섯 개든 세 개든 한 개든 받았으나, 사람은 많이 받은 것만 받은 것으로 생각하기 쉽다. 문제는 하나님께로부터 받은 달란트의 잠재성을 싹틔워 가능성으로 키워가야 하고 잠재적 가능성을 싹 틔울 수 있는 환경을 마련해 주어야 한다.

하지만 자녀의 가능성에만 의지한다면 잠재력은 그 역량을 발휘하기 힘들어진다는 것에서 부모와 교사들의 고민이 있다. 대부분의 부모와 교사들은 아이들의 가능성만을 보기 때문에 아이에게 어떤 가능성이 보이면 "무조건 열심히 하라"고 한다. 그래야 현실에 기초하여 상상할 수 있고 그 상상의 계획을 따라가면 성공할 수 있기 때문이다. 가능성이 보이면 노력하게 되고, 노력하면 그 결과를 볼 수 있고, 노력한 결과에 칭찬을 받고, 그 칭찬을 유지하고 성공적 목표를 이루기 위한 길을 따라간다.

즉 가능성의 다른 말은 경로의존성이다. 트로트 노래를 잘 부르면 주위의 주목을 받던 아이는 더 많은 칭찬을 얻어내려고 계속해서 노래하기에 골몰하고 훗날 가수가 된다. 이렇게 가능성은 원래 내가 가지고 있던 것이 현실화 되는 것이다. 가능성의 문제는 한 번 일정한 경로에

의존하기 시작하면 가수로서 성공하지 못한다는 것을 늦게 알게 되더
라도 그것에서 벗어나지 못하고 의존하게 만든다. 즉 가능성의 길에서
잠재력은 나타나지 않을 수도 있다. 잠재력은 눈으로 보이지 않지만 가
능성을 완전하게 해 주는 것이다. 따라서 부모와 교사들은 가능성 이전
에 자녀가 가지고 있는 잠재력을 먼저 파악하는 것이 매우 중요하다.

참고
장정일 칼럼 https://www.hankookilbo.com/News/Read/201603041083681850

난 내가 할 수 있다고 생각해

어렸을 때부터 칭찬과 격려 속에서 자란 어린이들은 비난 속에서 자란 아이들보다 자신에 대해 자신감과 효능감을 가지고 인생을 긍정적이고 적극적으로 살아간다. 그러나 무엇이든지 다 할 수 있다는 생각은 자만감으로 이어질 수 있기에 위험하다. 어린이들이 어렸을 때부터 스스로 생각하고 인식하여 할 수 있는 것과 불가능한 것을 판단하도록 해야 한다. 할 수 있다고 판단되면 '나는 내가 할 수 있다고 생각해' 라고 자기 자신에게 자신감을 부여하고, 최선의 노력을 다하는 태도를 가지도록 돕는 것이 부모의 역할이다. 특히 작은 것이라도 성공하는 기쁨을 많이 가진 어린이들은 그렇지 않은 아이들에 비해 자아효능감이 높다. 자신이 할 수 있다고 판단한 일은 자기충족적 예언으로 주변 사람들의 기대에 부응하는 경향이 있다.

모든 사람들은 내적인 강인함을 가지고 있지만 모두 그것을 의식하는 것은 아니다. 이것은 그들이 자신의 힘을 찾지 못했기 때문이다. 어쩌면 자신들이 그것을 가지고 있다는 것을 깨닫지 못하고 있거나 자신들이 생각하는 것보다 훨씬 더 유능하다는 것을 깨닫지 못하고 있다.

벤자민 존슨은 역경을 만나지 않고서는 자신의 힘을 알지 못한다고 말했다. '하면 된다'는 말을 우리는 잘 사용한다. 그래서 할 수 없는 것도 몰아붙여서 하도록 하게 하는 것이 교육이라고 생각한다. 그러나 진정한 교육이란 자녀들이나 학생들로 하여금 할 수 있는 것과 할 수 없는 것을 구분할 줄 아는 지혜와 인식의 힘을 기르고, 할 수 있다는 생각과 지혜를 인식하면 자신 안에 내재된 잠재력과 가능성을 발휘하게 해야 한다.

미국의 유명한 동화 중에 와티 파이프Watty Pipe가 쓴 「The Little Engine That Could」가 있는데 우리말로 「넌 할 수 있어」라고 번역되었다.1) 이 책은 미국 교사협회National Education Association에서 교사대상 설문조사로 선정한 100대 아동도서 중 하나로 미국의 학교 및 도서관에서 어린이들 필독도서 목록으로 널리 이용되고 있다.

산 너머에 사는 착한 아이들이 좋아하는 장난감, 과자, 인형 등을 잔뜩 싣고 가던 빨간 기차가 엔진고장으로 중간에 서게 된다. 산 너머에는 기차를 기다리는 많은 아이들이 있다. 그런데 산을 넘기도 전에 가차가 고장 난 것이다. 인형, 동물, 그리고 광대들이 지나가는 기관차들에게 도움을 청한다. 빨간 기차는 지나가는 번쩍거리고 멋진 새 기차에게 대신 운반을 부탁했더니 화물차가 아니라고 거절당하고, 크고 힘 좋은 화물차에게 부탁했더니 가는 길이 다르다고 거절당한다. 결국 아주 조그맣고 보잘것없는 파란 꼬마 기차에게 부탁하는데 이 꼬마 기차는 너무 작아 철도 역 구내에서만 칙칙폭폭 다니면서 잔심부름만 했을 뿐 산을 넘어본 적도 없는 기차이다. 하지만 꼬마 기차는 선물을 기다리고 있을 아이들 생각과 자기를 믿어 준 친구의 부탁을 들어주기 위해 기꺼이 기차를 끌고 산을 넘어 간다.

I think I can, I think I can, I think I can, I think I can!

꼬마 기차는 "난 할 수 있다고 생각해, 난 할 수 있어!"를 중얼거리며 스스로에게 자신감을 불어 넣는다. "할 수 있다고 생각하면 할 수 있어. 할 수 없다고 생각하면 할 수 없어. 어느 쪽으로 생각하든 그게 맞아. 그러나 난 할 수 있다고 생각해, 할 수 있다고 생각해…"

끝까지 포기하지 않고 최선을 다해 조금씩, 조금씩 산언덕을 넘어간다. 꼬마 기차가 힘겹게 산을 넘어가면서 되풀이하는 말, "난 내가 할 수 있다고 생각해. I think I can."은 이야기의 후반부 이상을 차지하고 있다.

"난 내가 할 수 있다고 생각해, 난 할 수 있어!"

"난 내가 할 수 있다고 생각해, 난 할 수 있어!"

반복과 변화의 묘미를 살린 문장들은 말하듯 쉽게 따라 할 수 있게 묻고 답하는 형식을 반복하면서도 아기자기한 변화를 주어 리듬감을 느끼며 지루하지 않게 읽을 수 있도록 구성된 책이다. 꼬마 기차가 모험을 통해 두려움을 뒤로 하고 작은 의지와 용기만 있으면 가능하다는 것을 가르쳐준다. 꼬마 기차 동화의 메시지는 남을 도와주는 마음과 자신의 능력을 믿는 긍정적 사고방식인데 책 뒤에 붙은 해설자의 설명이 재미있다.

"이 이야기를 읽어주는 어머니 혹은 선생님께"라는 제목으로 "여기서 꼬마 기차는 '그래, 난 할 수 있어Yes, I can'라고 말하지 않고 '난 할 수 있다고 생각해I think I can'라고 말하고 있습니다. 아동에게 판단하고 생각할 수 있는 능력을 강조하는 것도 중요합니다."라고 적고 있다.

'난 할 수 있다.'와 '난 내가 할 수 있다고 생각해'는 분명히 다르다. 어린이에게 "할 수 있다"와 "할 수 있다고 생각해"를 구별해서 가르치는 것이 중요하다. 인지심리학에서는 사람이 할 수 있다고 생각하면 용기와 의지를 가지고 도전하고 그것이 긍정적인 사고를 형성한다고 한다. 자녀들이 작은 성공을 많이 맛볼 수 있게 해주되 할 수 있는 것과 노력해도 안 되는 일도 있다는 것을 구별할 줄 알아야 한다. 사람들은 노력을 강조하지만 내가 노력하는 동안 남들은 가만히 있는 게 아니다. 어쩌면 더 우수한 재능과 환경과 자본과 기술을 바탕으로 같은 노력 대비 많은 효율을 뽑아내며 저만치 앞서 달려갈 수 있다. 그래서 미래를 볼 줄 아는 안목을 기르되 불가능 한 것과 어려운 것을 구별해야 한다. 내가 할 수 있겠다고 생각하면 할 수 있는 것이고 못하겠다고 생각하면 정말로 못하는 것이다. 어떠한 목표가 있고 그 목표가 정말 힘들고 어려운 과정을 따라야 이룰 수 있는 것이라도 그것을 할 수 있다고 생각하면 그런 힘들고 어려운 과정들도 이겨낼 수 있다.

흑인 여성으로 처음 미국의 일류대학인 스미스칼리지 총장이 된 루스 시먼스Ruth Simmons, 1945- 와의 인터뷰에서 가자가 성공 비결이 무엇이냐고 물었을 때 그녀는 이렇게 대답했다.

"나는 어려운 것difficult과 불가능한 것impossible을 구별하고자 노력했습니다. 어려워도 가능해 보이는 일은 최선을 다해 열심히 노력했습니다. 그러나 아무리 노력해도 승산이 없다고 생각되는 일은 도전도 하지 않았습니다. 그리고 그 판단에 따라 계획했습니다."

'하면 된다'고 아무리 아우성쳐도 안 되는 일도 있다. 때로는 자신이 노력해도 불가능 한 것을 포기하는 것도 미덕이며 용기이다. 그래서 신학자 라인홀드 니버^{Karl Paul Reinhold Niebuhr}는 이렇게 기도하였다.

주님,
제가 바꿀 수 없는 것은 받아들이는 평온한 마음을 주시고
바꿀 수 있는 것은 변화시킬 수 있는 용기를 주소서
그리고 이 둘을 분별할 수 있는 지혜를 주소서

God grant me the serenity
The serenity to accept the things I cannot change,
The courage to change to change the things I can;
And the wisdom to know the difference.

---

1) Watty Pipe(1978). The Little Engine That Could 넌 할 수 있어, 꼬마 기관차, Grosset & Dunlap

내 이름은 호프

    물리학에서 에너지 보존 법칙law of conservation of energy은 에너지가 형태를 바꾸거나 다른 곳으로 전도될 수 있을 뿐 사라지지 않는다는 열역학 제1법칙이다. 그런데 말에도 '에너지 보존의 법칙'이 있다. 입에서 나온 말은 시간이 지나도 소멸되지 않고, 우주 어디엔가 남아있고 한번 입 밖으로 나온 말을 누군가가 들은 이상 결코 사라지지 않는다는 것이다. 특히 남을 헐뜯었던 말은 돌고 돌아 자신에게 돌아온다. 사람이 하루 동안 사용하는 말은 보통 남자가 2만5천 마디, 여자는 3만 마디인데 책으로는 무려 50페이지가 넘는 분량이다.[1)]

    아이들이 세상에 태어나 처음 말을 배우는 대상은 바로 부모이다. 사람은 언어를 통해 자기의 생각, 의도, 느낌을 표현하며 사고를 확장해 간다. 유아기는 언어발달이 가장 활발히 이루어지는 시기이며, 청소년기는 사회의 구성원으로서 언어로 지식과 정보, 의견, 감정 등을 나누며 자아정체감이 형성되는 시기이다. 이때 주변 사람들로부터 받는 언어폭력이나 언어학대는 자아정체성에 큰 영향을 줄 수 있다.

    호프는 열다섯 살 평범한 소녀이고, 호프가 지금 가장 하고 싶은 것은 야영 캠프에 가는 것이다. 야영 캠프에 가기 위해서 꼭 필요한 것은 엄마의 허락이지만 엄마는 쉽게 허락해 주지 않는다. 엄마는 호프를 문제아로만 여기며 '멍청이, 바보, 패배자, 말썽꾸러기, 네가 없었으면 좋겠다, 넌 어쩔 수 없어' 등과 같은 말을 아무렇지도 않게 뱉어내곤 한다. 엄마가 툭툭 내뱉는 말은 호프에게 온통 상처 주는 말들뿐이며 엄마가 한 마디 한 마디 할 때마다 심장이 멎는 것을 느끼며 마음에 상처를 받는다. 뿐만 아니라 자신감도 떨어지고 스트레스를 받아 치아신경이 드러날 정도로 이를 갈고, 두통, 복통 등의 신체적 증상도 겪는다. 호프는 엄마로부터 언어학대를 받는 것이다. 그런데 호프도 엄마도 모두 그것이 언어학대라는 것조차도 모른다. 단지 엄마는 혼자서 두 아이를 기르며 고생하는 자신의 처지만 괴로울 뿐, 한참 민감한 청소년기 호프에게 자신의 그런 태도가 어떤 영향을 끼치는지도 모르고 있다.

호프는 이렇게 언어학대로 엄마가 부르는 소리만 들어도 가슴이 쿵쾅쿵쾅 거릴 정도로 힘든 시간을 겪지만, 호프, '희망'이라는 이름처럼 포기하지 않고 상처받지 않으려는 마음을 가지고 주위 사람들의 도움으로 점점 행복을 찾아간다. 유대인 학살, 안네의 일기 등을 통해 용기를 얻고, 까칠한 말들을 견뎌내며, 진짜 자신의 모습을 찾기 위해 노력하고, 학교 상담 프로그램에도 참여한다. 또 모든 상처를 어루만져 줄 것 같은 상담선생님, 인자한 허드슨 선생님, 의리의 친구 브레디, 심지어 평범하면서도 따뜻함이 넘치는 동네 구제옷가게 아주머니를 통해 자신감을 회복한다. 결국 호프는 엄마에게 자신의 아픈 속마음을 솔직히 말하게 되고 그 후 엄마도 호프에게 상처주기 않기 위해 노력한다는 내용이다.

이 책은 언어폭력과 언어학대를 받지만 어떤 상황에서도 절대로 포기하지 않는 절대 긍정의 캐릭터 '호프'는 희망을 포기하지 않으면 행복해질 수 있다는 믿음을 가지고 그 길을 찾아가는 「내 이름은 호프 HOPE」라는 청소년 성장소설이다. 그레첸 올슨Gretchen Olson 작가가 일기를 써내려가듯 1인칭 자기 고백으로 전개되는 스토리로서 청소년의 감성을 섬세하게 묘사하고 있다. 책 본문에서 언어 학대는 신체 학대만큼 아니 어쩌면 그보다 더 심하게 상처를 주며, 한 마디의 언어 학대를 극복하려면 스물다섯 마디에서 서른 마디의 긍정적인 말을 해야 한다고 말한다.[2] 언어학대로 생긴 상처는 신체적인 상처만큼이나 깊게 남는다.

이 책을 읽으면서 혹시 내가 자녀들에게 말로 상처를 주는 그런 엄마는 아니었는지, 교사는 아니었는지 생각을 하게 된다. 언어폭력 또는 언어학대라고 하면 욕설을 심하게 하는 등의 거창한 것으로 생각하지만 꼭 그런 것만도 아니다. 상대를 위한다고 해주는 조언이나 충고에 상처받는 사람들도 많이 있다. 상대를 비난하거나 판단하고 질책하는 말은 물론 상대가 원하지 않는 조언과 충고도 언어폭력이나 학대에 해당된다.

노먼 라이트H. Norman Wright는 부모가 먼저 자신의 "언어 무기를 해체하라"고 권한다.[3] 그는 부모가 가정에서 자녀들에게 하는 비난과 비판적인 말들을 유독성 무기라고 한다. 보이지 않는 유독성 무기를 통해 자녀들은 내면에 상처를 받는다. 언어공격이 멈춘 뒤에도 자녀가 입은 정서적 손상은 평생 지속될 수도 있다. 부모들이 자주 저지르는 언어학대는 바로 이런 것들이다.

"내가 너 때문에 못살아"

"왜 태어나가지고 내 속을 이리 썩이나"

"누굴 닮아 저럴까, 못된 것은 죄다 지 애비 닮아 가지고"

"너만 아니었으면 네 아빠랑 진작 갈라섰을 텐데"

"엄마라고 부르지도 마, 너같이 말 안 듣는 아이는 내 아들 아니야"

"하는 짓마다 말썽이냐"

"자식이 아니라 원수야"

"너 그러면 내다버린다"

"엄마 아빠 다 죽어버릴까?"

"이 다음에 커서 뭐가 되려고 그러니"

"너야 원래 그런 애니까""

"네 동생 반만 닮아라."

"네가 집안 망신 다 시키는구나"

"넌 싹수가 노랗다"

"너만 아니면 우리 집이 다 편안하다"

"너를 믿은 내가 바보지"

"무자식이 상팔자야"

"죽을 쑤든 밥을 쑤든 네가 알아서 해라"

부모의 말과 무언의 동작이 포함된 메시지는 자녀에게 큰 영향을 준다. 네덜란드의 Stichting Geheim Geweld의 아동 학대 예방 캠페인 광고에서는 부모의 언어학대로 아이가 나빠질 수 있음을 말해준다. 다음 글은 2009년 칸광고제 옥외광고부문 Bronze 수상작이다.[4]

"넌 그저 고통스러운 존재일 뿐이야. 죽어버릴래?" 라는 말이 자살suicid의 계기가 되고.

"이런, 사생아. 난 널 낳지 않을 수도 있었어." 라는 말이
약물중독addict의 계기가 되고.

"너 때문에 내 인생은 엉망이 되었어!" 라는 부모의 말이
알콜중독Alcholic의 계기가 되고.

"아무도 너 같은 애는 사랑하지 않아. 머저리!" 라는 말이
비만Obesity의 계기가 된다.

부모나 교사들의 언어 학대가 어린아이들에게 상상할 수 없이 엄청
난 부정적인 결과를 가져올 수 있다는 것을 충격적으로 표현해냈다. 때
때로 교육현장에서 교육자가 깊은 생각 없이 아이들에게 어떤 이유로
든 언어폭력을 하고 있다는 현장고발도 있다. 대가리, 아가리, 주둥이
닥쳐, 쳐 먹어, 빨리 때려 쳐, 개 같은 것들, 지랄 등은 기본이고, 집에
가서 선생님이야기를 해서 선생님 귀에 들어오면 입을 찢어버리겠다는
것이었다. 생각할 수도 없는 말들이 교육현장에 있다. 말 한마디로 천
냥 빚을 갚기도 하지만 말 한마디로 오랜 친구 관계가 깨지기도 하고,
부주의한 말 한마디가 싸움의 불씨가 되고, 평생 마음에 지울 수 없는
상처를 남기기도 한다. 때로는 의도적으로 하지 않은 말이라 하더라도
누군가에게는 상처가 될 수도 있다. 말로 다친 상처가 칼에 벤 상처보
다 더 깊고 오래 간다. '말로부터 얻은 상처는 칼에 맞아 입은 상처보다
더 아프다'는 모로코의 격언과 '칼의 상처는 아물어도 말의 상처는 아
물지 않는다'는 몽골 속담도 있다. 성경에는 칼에 맞아 죽은 사람이 많
지만 혀에 맞아 죽은 사람이 더 많다"고 한다.[5]

우리가 하는 말은 최대한 긍정적이어야 한다. '축복'이란 라틴어 베

네딕시오^{benedictio}의 뜻은 '좋게^{bene}'와 '말하다^{dicree}'의 합성어이다. 즉 축복은 상대방에게 좋게 긍정적으로 말하는 것이다. 좋은 말을 자꾸 해보려고 노력해보면 처음에는 힘들어도 곧 익숙해진다.[6] 부모와 교사들은 자녀들을 긍정의 언어로 축복하며 희망을 말하고 자신의 혀를 다스릴 줄 아는 진정 지혜로운 사람이 되어야겠다.

경우에 합당한 말은 아로새긴 은 쟁반에 금 사과니라^{잠 25:11}

---

1) 조선일보 2013.11.13. A29면. 허영엽, 사람을 빛나게 하는 말 한마디.

2) 그레첸 올슨(2008), 내 이름은 호프, 이순영 옮김. 꽃삽, 136.

3) H. Norman Wright,, The power of a Parent's Words: 부모말의 파워」(토기장이, 2000), 110.

4) 출처 : 네이버블로그_stussy9505. http://blog.naver.com/hypattia/150052032598, http://cafe.naver.com/adfuture/16275 카페명 : 광고공모전의 미래(adfuture) 사진 참고해서 책에 넣을 것.
https://www.youtube.com/watch?v=7WUmQ—ZABs 아동학대의 진상을 보여주고 있음.

5) 공동번역의 집회서 28:18.

6) 조선일보 2013.11.13. A29면. 허영엽, 사람을 빛나게 하는 말 한마디.

격려의 힘

청소년법원Youth Justice Court은 주법원의 일부로 범죄 혐의가 있는 만 18세 미만 청소년의 형사사건을 다루는 법원이다. 판사는 증언을 청취하고 해당 청소년의 유죄 또는 무죄 여부를 결정하고 유죄라면 판사가 형량도 결정한다. 미국 테네시주 네쉬빌 청소년 법원 태텀 판사가 재판한 청소년 범죄자 4,800명을 분석했다. 그 결과 교회에 가는 아이들은 7명밖에 없었고, 부모님과 함께 규칙적으로 교회에 가는 가정은 한 가정도 없었다고 발표한 적이 있다. 이것은 신앙교육이 자녀 교육에 얼마나 중요한 역할을 하는지를 보여주는 하나의 사례이다.

또 12년간 미국 감옥의 죄수들을 상담하며 치료하는 정신과 의사로 일하면서 그가 치료하는 죄수들의 공통점은 대부분 가정이 행복하지 못하였다는 것이다. 부모가 결혼도 하지 않고 아기만 낳고 헤어졌거나 결혼했더라도 싸우고 이혼한 가정의 자녀들이 많았다. 또 부모들이 술과 마약을 먹고 신앙생활을 제대로 하지 않는 가정의 자녀들이 대부분이었다. 자녀들의 행복한 장래를 위해 훌륭한 신앙교육이 얼마나 중요한지를 더욱 깊이 깨달았다고 한다.

오늘날 미국은 두 가정 중 한 가정이 이혼으로 끝나는 위기에 처해 있다고 하는데 이는 한국의 문제이기도 하다. 가정예배를 철저히 드리던 청교도들의 이혼율은 500쌍 중 한 쌍인데 현재도 가정예배를 규칙적으로 드리는 가정의 이혼율이 그와 같다는 것이다. 그러나 구약 성경에 나타난 가정들을 도덕적 삶의 기준으로 본다면 실망할 뿐 아니라 성경에서 모델이 될 만한 가족을 찾기 어렵다. 비록 도덕적으로 흠이 많고 인격적으로 모자람에도 불구하고 신실하게 참고 기다리며 사랑으로 인도하시고 격려하시는 하나님을 발견하게 된다.

그래서 이혼한 가정의 자녀들, 불우한 비행 청소년들에게도 희망이 있다. 오래 전에 미국 그래드래피즈에 거주하는 정신 신경과 전문의인 정무흠 선생님의 글을 읽은 적이 있다. 다음의 글은 그의 홈페이지에서 가져온 것이다.[1]

안식일 예수재림교회 선교 90주년 기념 예배 때 한국을 다녀간 세계적으로 유명한 존스 홉킨스 의과대학 병원 소아신경외과 과장 벤 카슨 Ben Carson 의사는 여덟 살 때 부모님의 이혼으로 불행한 가정에서 자랐으며 어머니는 초등학교 3학년 중퇴 학력으로 청소부로 일했다. 그는 소년기에 흑인 불량배들과 어울려 싸움만 일삼는 장래가 어두운 아이였고, 술과 마약과 폭력이 난무하는 디트로이트 빈민가에서 자라난 문제아였다. 초등학교 5학년 때까지 구구단도 암기하지 못했고, 산수 시험은 한 문제도 맞추지 못해 친구들에게 놀림 받고 학업 성적 꼴찌에, 친구의 배를 칼로 찌르던 불량아였다. 어떤 면에서도 벤은 가능성 없는 아이였지만 그가 어떻게 최연소 흑인으로서 미국 존스 홉킨스 대학병원의 교수와 의사로서 '신의 손'이라는 별명을 가지게 되었을까?

어느 날 벤은 신앙깊은 여자 집사님의 전도를 받고 어머니와 함께 교회에 참석하던 중 의료선교사에 대한 목사님의 감동적인 설교를 들었다. 예배가 끝나고 집으로 돌아오는 길에 벤은 엄마에게 의료선교사가 되고 싶다고 말했다. 어머니는 발걸음을 멈추고, 사랑하는 아들을 다정한 눈길로 바라보며 말했다. "전능하신 하나님께서 믿고 기도하면 다 들어주시겠다는 놀라운 약속이 성경에 기록되어 있단다. 너도 하나님의 약속을 믿고 기도하며 부지런히 공부한다면 장차 훌륭한 의료선교사가 될 줄로 엄마는 믿는다."

어머니의 이 긍정적인 격려와 믿음의 말이 벤에게 큰 용기를 주었다. 어머니는 계속해서 말을 이었다. "한 주일에 두 권씩 책을 읽고 독후감을 써봐. 책 한권 읽을 때마다 25전짜리 동전 한 개씩 네 저금통에 넣어줄게" 어머니의 격려에 힘을 입어 중학교에 들어가면서 공부에 집중하기 시작했다. 벤은 매주 두 권의 책을 읽고 독후감을 쓰고, 날마다 성경을 읽고 가정예배를 드리며, 안식일마다 교회에 나갔다. 성적이 오르고 우등생이 되어 어머니의 말이 증명되었다. 그는 사우스웨스턴 고등학교를 3등으로 졸업하고 예일대학에 합격하였다. 대학에서도 부지런히 공부하며 매일 성경을 읽고 안식일마다 교회에 갔다.

어느 날 교회에 가려고 하니 가난한 그에게 버스 요금도 없었다. 그는 전능하신 하나님께 기도하기를 "주님, 오늘은 주님께서 태초부터 복 주시고 거룩하게 구별하신 안식일입니다. 예수님의 말씀대로 저도 이 거룩한 날에 성전에 나아가 하나님께 경배 드리기를 원합니다. 도와주세요."라고 기도를 드리고 눈을 떴다. 놀랍게도 버스 요금으로 충분한 동전이 그의 앞 땅 바닥에 떨어져 있었고, 밴은 무사히 교회에 가서 예배드리며 풍성한 은혜를 받았다고 한다.

　예일대학을 졸업하고 미쉬간 의과대학을 졸업한 후, 오스트레일리아 원주민들을 위한 선교사로 봉사한 그는 흑인으로서 인종편견의 장벽을 뚫고 33세에 존스 합킨스 의과대학병원 최연소 소아신경외과 과장이 되었다. 모든 의사들이 포기한 하루 120번씩 발작하는 4살짜리 악성 뇌종양 환자를 수술해서 완치시켰고, 1987년 세계에서 처음으로 머리와 몸이 붙은 샴쌍둥이를 분리하는데 성공함으로 '신의 손'으로 불리는 세계적인 의사가 되었다. 신앙의 힘으로 역경을 이기고 성공한 그의 이야기가 TIME지, PEOPLE지, ABC TV등에 소개되었다. 안식일교회 장로로 봉사하는 그는 해마다 감옥과 학교 등 여러 곳에 초대받아 방황하는 청소년들, 절망에 빠진 젊은이들과 부모님들에게 역경을 이기고 승리한 체험담을 통해 전능하신 하나님, 소망의 하나님을 소개하고 있다. 불량소년이었던 그가 어떻게 '신의 손'이라 불릴 정도로 성공을 얻을 수 있었을까? 어느 날 그에게 기자가 찾아와 "오늘의 당신을 만들어 준 것은 무엇입니까?"라고 질문하였다. 그때 벤은 이렇게 말했다. "나의 어머니, 쇼냐 카슨 덕분입니다. 어머니는 내가 늘 꼴찌를 하면서 흑인이라고 따돌림을 당할 때도 '벤, 너는 마음만 먹으면 무엇이든 할 수 있어. 노력만 하면 할 수 있어'라는 말을 끊임없이 들려주면서 나를 격려해 주셨습니다."

　부모가 들려주고 보여주는 모습을 아이들은 듣고 따라가고 닮아간다. 어렸을 때 걸음마를 시작하며 넘어지는 모습도, 넘어졌다 다시 일어서는 모습도, 곁에서 지켜보며 손뼉을 쳐 주었던 것들을 기억하며 어린이들은 인생에서 넘어졌다가도 다시 일어난다. 일어선 아이들은 자신감으로 더 어려운 것에 도전하며 넘어지는 것을 두려워하지 않는다. 부모는 자녀들에게 선하고 온유하며 용서하고 관대하며 사랑으로 행동하며 격려해야 한다. 이런 격려의 소리를 듣지 못한 어린이들은 넘어지는 것이 두려울 뿐이다.

비록 불우한 환경에서 태어나 가정과 학교에서 많은 문제를 일으키고, 부모님 속을 태우고, 희망을 잃고 방황하며 반항하고, 마약 폭력 성범죄로 감옥에 있다 할지라도 다시 시작하고 일어설 수 있는 격려가 필요하다. 견디기 힘든 고통의 시간과 어려운 시기를 극복하는데 격려와 희망의 말은 힘을 주는 에너지와 같다. 출구 없는 어둡고 긴 터널의 연속처럼 보이는 어려운 상황과 환경에 처해 있을 때 격려와 믿음의 말은 한 줄기 빛과 같다. 꼭 힘든 순간이 아니더라도 삶을 지탱하고 계속 앞으로 나아갈 수 있는, 우리의 삶에 믿음과 희망을 되찾아줄 격려는 누구에게나 필요하다. 마크 트웨인은 멋진 칭찬을 들으면 그것만 먹어도 두 달은 살 수 있다고 하였다. 현대를 살아가는 사람들은 음식을 못 먹어서 배고픈 것이 아니라 격려와 칭찬과 긍적적인 말에 목말라 있다.

누군가의 한마디 격려가 인생을 바꿀 수 있는 기회가 될 수 있다. 이를 실천하려는 노력과 의지와 믿음으로 하나님께 간구하면 하나님은 우리들을 희망으로 인도하신다. 벤 카슨 이야기는 희망의 이야기이다. 인생의 캄캄하고 험난한 폭풍을 뚫고 소망의 항구로 인도하시는 전능하신 사랑의 주님은 벤 카슨을 도와주셨던 것처럼 우리와 우리 자녀들도 도와주신다.

두려워하지 말라 내가 너와 함께 함이라 놀라지 말라 나는 네 하나님이 됨이라 내가 너를 굳세게 하리라 참으로 너를 도와주리라 참으로 나의 의로운 오른손으로 너를 붙들리라.^{이사야 41:10}

---

1) 출처: 가정 기획#2 – 가장(家長),가정(家庭)의 제사장(祭司長)^|작성자 에덴지기.

요람에서 무덤까지

　"요람에서 무덤까지"라는 말은 1942년 영국의 자유주의 경제학자 윌리엄 베버리지William Henry Beveridge가 정부의 위촉을 받아 작성한 「사회 보험과 관련 서비스Social insurance and allied services」 보고서에 나오는 말이다. 2차 대전이 진행 중이던 1941년, 영국 노동조합총연맹의 청원을 계기로 부처 간 위원회가 조직되어 국민건강보험제도에 관한 검토를 시작했다. 이 검토는 건강보험, 실업보험, 연금 등 모든 국민을 대상으로 하는 사회보험제도를 정비하고 공공부조를 설계하여 태어나서 죽을 때까지 완전한 평등은 아니지만 최저한도의 사회보장을 하자는 것이 주요 내용이었다.1) 이 보고서는 대중의 관심을 집중시켰고, '요람에서 무덤까지'라는 표현은 복지국가로의 기대를 가지게 하였을 뿐 아니라 복지국가의 이념을 상징하는 용어로 전 세계 모든 국가들의 사회 복지 정책에 깊은 영향력을 주었다. 이 「사회 보험과 관련 서비스」는 작성자의 이름을 따서 '베버리지 보고서Beveridge Report'라고 부르기도 한다.

　사회복지 차원에서는 요람에서 무덤까지 최저한도의 사회보장을 이야기하지만, 기독교교육에서는 한 인간이 출생하기 전 모태에서부터 무덤 이후까지의 교육을 말한다. 세상의 어느 종교도 죽음 그 이후의 교육을 말하지 않지만 기독교교육은 확실하게 말한다. 딸을 먼저 하늘

나라로 보내고 뒤늦게 예수 그리스도의 죽음과 부활을 하나의 사랑으로 체험한 문학평론가 이어령 박사의 「우물을 파는 사람」에서 읽은 내용이다.[2)]

"인간은 태어날 때 강보에 싸이고, 죽을 때에는 수의에 싸인다. 인간의 고통과 슬픔과 어려움 등 온갖 고생은 강보에서 수의까지이다. 한 조각의 천이 인생의 시작이며 인생의 끝이다."

인간의 일생을 참 잘 표현한 내용이다. 영어로 어머니의 자궁은 womb이고 무덤은 tomb이다. 즉 우리는 어머니의 자궁과 무덤사이에서 잠시 사는 것이다. 우리가 머무르는 이 세상은 "자궁에서 무덤까지"이다. 인생은 잠시 사는 동안 마치 천년만년 살 것처럼 아웅다웅하고 다른 사람을 짓밟고 무너뜨리기에 여념이 없다. 뒤돌아보면 후회하는 것뿐이고 실수투성이지만 인간은 전 생애에 걸쳐 발달한다. 그런데 엄마의 생각이 자궁에 있는 태아에게까지 전달된다고 독일의 저술가인 요셉 루카스는 말한다. 엄마의 좋은 품성들이 아이가 세상에 나오기 전에 아이의 존재에 심어지고, 임신 중 산모의 생활방식이 어떠하냐에 따라 출생 이후 아이의 모든 교육이 결정된다. 즉 인간의 성장이란 이미 태중에서 아이의 영혼에 심겨진 씨가 싹이 나고 성장하는 것에 불과하다고 크리스토프 아놀드J. Cristoph Arnold는 말한다.[3)] 그래서 교육은 아이가 생기기 전 자궁에서부터 시작해야 하고 부모의 역할은 하나님 안에서 아이가 자신의 원래 모습을 찾도록 돕는 것이다.

사람은 사회 속에서 태어나 사회 속에서 성장한다. 자녀는 부모의 보살핌 속에서 성장하여 사회의 일원이 되어간다. 하지만 사회성장의 가속화 현상으로 아동기가 사라졌거나 아동기가 단축되고, 청년기 진입은 빨라졌으나 경제적으로 자립하지 못해 성인기 진입이 늦어지고 있다. 성인들은 더 오래 동안 건강하고 젊음을 유지할 수 있게 됨으로 성인중기나 성인후기의 시작이 늦어지고 있으며 노인들은 100세 시대를 넘어 기대수명 120세까지 전망하고 있어서 노년기는 더 길어졌다. 이러한 추세에 맞추어 20세기 후반부터 발달심리학과 교육심리학의 연구 주제들도 점차 새로운 주제로 이동하고 있다.

이 모든 주제들은 자기 자신을 표현하며 주체적 자아로서 인간답게 살기 위한 것이다. 주체적 존재로서의 인간은 생물학적 본능에만 지배되지 않고 심리적·생물적·행동적·경험적·사회적 요인이 환경과의 상호작용 속에서 형성되고 평생에 걸쳐 계속 발달한다. 모든 심리학과 교육학은 인간의 행동과 정신과정을 탐구하여 인간을 이해하여 행복하게 살자는 것이 궁극적 목적이다. 그래서 발달심리학자들은 인간이 평생 성장한다는 전제로 연령에 따라 몇 단계로 나누고, 교육심리학자들은 각 단계에 맞는 교육적 과제와 그 시기에 꼭 이루어야 할 삶의 과제를 제시한다. 이들의 가장 중요한 공통점은 엄마의 생각이 자궁에 있는 태아에게도 전달된다는 것이다.

성격심리학자 프로이드는 인간의 각 발달단계마다 독특한 발달과제 또는 목표가 있다고 한다. 이러한 목표나 과제를 해결하는 방법이 성격을 형성하며 이 과정에서 가장 문제가 되는 것이 고착이다. 고착이란 한 단계에서 다음 단계로 진행하지 못하는 것, 한 발달단계에서 욕구가 지나치게 만족되거나 좌절될 때 고착이 일어난다. 프로이드는 인생을 5단계로 구분하고 그 시기에 이루어야 할 과제를 말한다.

에릭슨은 심리사회적 관점으로 인간의 전 생애에 걸친 변화와 발달을 강조하며 발달을 '자아'를 찾는 과정으로 이해한다. 인생의 각 단계마다 자아를 찾기 위해 습득해야 할 기본과제를 대칭적으로 설명하며, 출생에서 죽을 때까지 생애 전 기간을 통해 계속되는 심리적 위기를 잘 다루면 인간은 성숙되고 건전한 발달을 하여 자아의 힘strength이 내면에 축적되기 때문에 살면서 이를 적절히 사용한다.4) 에릭슨은 인간의 발달을 8단계로 나누고 한 단계의 해결은 다음 단계의 과제를 위한 기초가 되고, 긍정적으로 해결하는 쪽이 더 우세하다고 말한다.

하지만 우리가 아무리 심리학적 지식과 교육학적 지식을 다 가져와서 자녀들을 가장 좋은 것으로 최선을 다하여 양육한다 해도 우리를 지으신 이가 하나님사 43:7이라는 것과 우리가 피조물이라는 것을 알고 겸손하게 여호와를 찾아야 한다스바냐2:3. 인간이 되어가는 교육과정은 창조주 하나님을 기억하는 것이다. 시편 기자는 "너는 청년의 때에 너의 창조주를 기억하라 곧 곤고한 날이 이르기 전에, 나는 아무 낙이 없다고 할 해들이 가깝기 전에, 해와 빛과 달과 별들이 어둡기 전에, 비 뒤에 구름이 다시 일어나기 전에 그리하라"고 말한다전도서12:1-3.

하나님께서 인간을 포함한 온 세상 만물을 아름답게 지으셨기 때문에 요람에서 무덤까지의 모든 인생은 아름다운 것이다. 하나님은 모든 것을 지으시고 '보시기에 심히 좋았더라.'고 하였다창 1:31. 때때로 어두운 밤이 있다고 해도, 어려운 고통의 한가운데를 지나고 있더라도 인생을 아름답다고 받아들이는 믿음은 우리를 아름답게 지으신 창조주 하나님께로부터 오는 것이다. 요람에서 무덤까지 아름다운 인생을 살기 위해서 창조주 하나님을 기억하며 주신 은혜를 생각해야 한다.

아주 친한 친구인 두 사람이 함께 사막을 걷고 있었다. 그런데 서로 다투게 되었다. 급기야 한 사람이 그만 다른 사람의 뺨을 때렸다. 뺨을 맞은 사람은 기분이 나빴지만 아무 말을 하지 않았다. 다만 모래 위에 "오늘 가장 친한 친구가 내 뺨을 때렸다!"라고 적었다. 둘은 아무 말 없이 사막을 걸었다. 두 사람은 오아시스에 도착하였다. 뺨을 맞았던 사람이 목욕하러 들어가다 늪에 빠졌다. 뺨을 때렸던 친구가 구해주었다. 늪에서 빠져나온 친구가 이번에는 돌에 "오늘 가장 친한 친구가 내 생명을 구해주었다!"라고 새겼다. 그러자 친구가 의아해서, "내가 너를 때렸을 때는 모래에 적었는데, 너를 구해주었을 때엔 왜 돌에다 새겼니?" 하고 물었다. 친구가 씩 웃으면서 말했다.

"누군가 우리를 괴롭혔을 때, 우리는 모래에 그 사실을 적어야 해! 용서의 바람이 불어와 그것을 지워버릴 수 있도록…. 그러나 누군가 우리에게 좋은 일을 해주었을 때, 우리는 그 사실을 돌에 새겨야 해! 그래야 바람이 불어와도 영원히 지워지지 않을 테니까!"

속담에 '원수는 물에 새기고 은혜는 돌에 새기라'고 했는데 섭섭한 것은 마음 속 깊이 꽁꽁 새겨놓고, 은혜는 쉽게 잊어버린다. 자주 깜박 깜박하는 건망증이 아니어도 또 치매에 걸리지 않아도 지금까지 주신 은혜를 잊고 살거나 또 자신이 누구인지를 잊고 살아간다. 결코 잊지 말아야 할 것은 요람에서 무덤까지 하나님의 은혜로 산다는 이것이다. 나의 것이 1%라면 99%는 모두 다른 사람으로부터 온 것이기에 감사하면서 살아야 하고 자녀에게 은혜로 산다는 것을 가슴에 새겨 주어야 한다.

나는 너를 만들었을 뿐만 아니라 앞으로 너를 도와 줄 여호와이다. 내가 택한 종 이스라엘아, 너는 두려워하지 말아라^{이사야 44:2}.

야곱아 너를 창조하신 여호와께서 이제 말씀하시느니라 이스라엘아 너를 조성하신 자가 이제 말씀하시느니라 너는 두려워 말라 내가 너를 구속하였고 내가 너를 지명하여 불렀나니 너는 내 것이라^{이사야 43:1-7}

---

1) 지은정 (2006). 베버리지 보고서의 사회보장 원칙과 가정에 대한 비판의 타당성 검토, 한국사회복지학. 175-207.
2) 이어령(2012). 우물을 파는 사람, 두란노.
3) 요한 크리스토프 아놀드(2002). 브루더호프의 아이들, 쉴터. 25.
4) Richard I Evans, 1967. 15

꿈을 훔치는 도둑

필자가 초등학교 1학년 때 2학년 동네 언니에게 산수를 가르쳐 주었던 적이 있다. 곱하기 나누기 분수를 하지 못하는 언니에게 분필로 땅에 금을 그리거나 흙장난을 하거나 옥수수 빵을 잘라서 분수를 가르쳐 주고, 돌멩이로 곱셈과 나눗셈을 가르쳐 주었다. 나는 그때부터 '선생님 놀이'를 즐겼고 교사가 되는 꿈을 꾸었다. 초등학교 때 발표를 하면 선생님은 알아듣기 쉽게 또박또박 설명을 잘 한다고 칭찬해주셨고, 공부 못하는 친구들을 제 옆에 두며 가르쳐주라고 하셨다. 그러나 중학교를 졸업할 무렵 가정 형편이 어려워져 여자상업고등학교를 가려고 입학지원서를 썼다. 그런데 담임선생님도 아닌 윤리를 가르치던 다른 반 담임선생님이 나의 원서를 쭉쭉 찢으시며 "네가 정말 여상을 가고 싶은 것이니? 그게 아니라면 2-30년 뒤를 생각해 봐, 네가 하고 싶고, 정말 네가 좋아하고, 잘 할 수 있는 것을 하면서 살 수 있겠니? 지금은 어렵겠지만 너의 꿈을 이룰 수 있는 길을 가기 바란다." 환경 때문에 어쩔 수 없다는 포기와 절망으로 들어갔던 교무실 문을 교사의 격려 한 마디로 희망을 품고 걸어 나왔던 기억이 50여년이 지났지만 어제 일처럼 생생하다.

학교에서는 교사의 말 한마디가 학생들에게 희망을 줄 수도 있고 절망을 줄 수 있다. 격려와 칭찬과 인정의 말 한마디 힘은 위대해서 지옥에서 천국으로 올라가는 사다리가 되며 절망을 희망의 원동력으로 바꿀 수 있다. 미국 뉴욕 역사상 최초의 흑인 주지사였던 로저 롤스R. Rolls의 성공도 학교 선생님의 말 한마디에서 비롯되었다. 그는 뉴욕 브루클린 빈민가에서 태어나 폭력, 마약, 알코올 중독자가 많은 최악의 환경에서 자랐다. 무단결석을 하고 욕을 입에 달고 다녔으며 싸움질과 폭력을 일삼는 문제아였고 칠판을 때려 부수는 등 희망이 보이지 않는 환경 속에서 절망을 친구삼아 살았다. 많은 흑인 자녀들은 어른이 된 후에도 부모의 삶을 그대로 물려받아 살기 때문에 사회에서 인정받는 직업을 거의 갖지 못했다.

그러나 롤스의 운명을 바꿔 놓은 것은 한 선생님이었다. 1961년 새 학기가 시작된 날, 노비타 초등학교에 '피어 폴'이라는 교장선생님이 새로 부임하였다. 폴 선생님은 이 학교에 오기 전부터 학생들의 상태를 알고 있었기에 부임해서 희망 없이 사는 빈민가 아이들에게 용기와 꿈을 심어주기 위해 열정을 쏟았다. 학생들을 꾸중하고 훈계를 해도 효과가 없었고 만나서 충고와 설득도 했지만 효과가 없을 뿐 아니라 선생님의 말에 귀를 기울이는 학생도 없었다. 폴 선생님은 어떻게 아이들에게 희망을 줄 수 있을까를 생각하던 중 빈민가 아이들이 미신迷信에 집착하고 따른다는 사실을 알게 되었다. 선생님은 여느 때와 마찬가지로 책을 들고 교실에 들어갔다.

"오늘은 수업을 하지 않고 너희들의 손금을 봐주겠다." 선생님은 아이들의 손금을 봐주기 시작하였다. 폴 선생님은 아이들의 손금을 봐 주며, '너는 장차 훌륭한 사람이 될 것이다', '너는 훌륭한 운동선수가 될 것이다'고 칭찬을 아끼지 않았다. 선생님에게 손금을 보여준 흑인 아이들은 선생님의 칭찬에 하나같이 기쁨과 흥분을 감추지 못하며 기뻐하였다. 마지막으로 한 쪽에서 오랫동안 지켜보던 한 흑인 소년의 차례가 되었다. 그 소년은 어려서부터 누구에게서도 좋은 말을 들어본 적이 없어서 선생님에게 손금을 보여주는 것을 불안해하고 있었다. 폴 선생님은 불안해하는 아이를 달래며 말했다. "너도 손금을 봐 줄게, 난 손금을 아주 정확하게 본단다. 단 한 번도 틀린 적이 없어."

한 번도 칭찬과 사랑을 느껴보지 못했던 소년은 가슴이 마구 두근거렸고 긴장된 표정으로 손톱에 때가 잔뜩 낀 손을 내밀었다. 선생님은 그의 손금을 이리저리 살피더니 한참을 생각하는 듯 이렇게 말했다. "정말 굉장하구나! 음, 손가락이 가늘고 긴 걸 보니 너는 틀림없이 뉴욕 주지사가 될 운명이구나!" 폴 선생님은 아이의 작은 손을 자세히 살펴보다가 진지하고 확신에 찬 목소리로 아이의 눈을 바라보며 "넌 커서 뉴욕의 주지사가 되겠다."고 말한 것이다. 가늘고 긴 손가락! 이것이 뉴욕 주지사와 무슨 상관이 있었을까? 폴 선생님은 학생들의 손금을 보고 있는 것이 아니라 희망을 심어주고 있었다. 폴 선생님이 롤스의 눈을 마주보면서 확신에 찬 눈빛으로 말했을 때, 롤스는 전기에 감전된 듯 멍해졌다. 문제아인 자기를 칭찬해 준 사람은 폴 선생님이 유일했기 때문에 롤스는 도저히 자신의 귀를 믿을 수가 없었다.

'내가 정말 뉴욕의 주지사가 될 수 있을까?' 하지만 폴 선생님이 보는 손금은 한 번도 틀린 적이 없다고 했기에 가슴이 찡하면서 그 말이 마음속 깊이 자리 잡았다. 롤스는 선생님의 말을 가슴에 심어 장차 뉴욕 주지사가 될 것이라는 말을 진심으로 믿고 '뉴욕 주지사'라는 목표를 향해 달리기 시작하였다. 소년은 할렘가의 쓰레기 더미 속에서 뒹구는 대신 이전의 나쁜 버릇들을 하나씩 고쳐가기로 결심하였다. 무단결석을 하거나 싸움질하지 않고 뉴욕 주지사답게 단정한 옷차림을 하고 교양있는 말을 쓰려고 노력하며 남을 배려하고 봉사하는 일에 앞장섰다. 진정한 주지사는 바른 행동과 좋은 생각을 가져야 하며, 공부를 열심히 해야 한다는 구체적 목표를 세우고 그 목표를 향해 열정을 다 쏟아야 한다고 생각했기 때문이다. 소년은 오랜 세월이 흐른 뒤에도 주지사가 되겠다는 신념은 조금도 흔들리지 않았고 자신의 목표를 향해 게으름 피우지 않고 열심히 생활했다. 다른 아이들도 손금을 본 후로는 싸우거나 무단결석하는 일없이 공부를 열심히 해서 좋은 대학에 진학하는 등, 학생들의 삶은 완전히 변했고 성인이 되어서는 운동선수로 또는 각기 자기 자리에서 훌륭한 일을 감당하고 있었다.

초등학교 때 들은 선생님의 칭찬 한 마디는 롤스가 51세 되던 해, 미국 역사상 최초의 흑인 제 53대 뉴욕주지사가 되게 하였다. 롤스의 뉴욕 주지사 취임식 날 300여명의 기자들이 그를 에워싸고 물었다.

"주지사가 된 비결이 무엇입니까?"
"피어 폴 선생님 때문입니다."
"피어 폴 선생님이 누구입니까?"
"피어 폴 교장 선생님의 칭찬 한 마디는 내 운명을 바꾸어 놓았습니다. 꿈을 갖는 데는 돈이 들지 않습니다. 설사 선의의 거짓말에서 비롯된 꿈일지라도 일단 확신을 갖고 끝까지 견지한다면 그 꿈은 반드시 이루어집니다." 폴이 누구냐고 묻는 기자들에게 롤스 주지사는 망설임 없이 피어 폴 선생님에 대한 이야기를 하였다.[1]

「꿈을 현실로 만든 128가지 이야기」에서 읽은 몬트 로버츠[M. Roberts]의 이야기이다.[2] 거대한 목장을 소유한 로버츠의 벽난로 위에는 서툴게 그려진 그림이 액자에 끼워져 걸려있었다. 어느 여름에 목장을 청소년 캠프장으로 내놓은 로버츠는 많은 청소년 들 앞에서 인사말 대신 다음과 같은 이야기를 들려주었다.

"아주 오래 전 한 소년이 있었습니다......." 그의 이야기는 고등학생 시절에 선생님께서 내주신 숙제에서 시작된다. 당시 로버츠는 떠돌이 말 조련사인 아버지와 가난하게 살아서 한 학교에 오래 다니지 못했다. 고등학교 때 선생님은 학생들에게 미래 자신의 모습을 상상하면서 자신이 어떤 일을 하기 원하는지 써내라는 숙제를 내 주었다. 그날 밤 소년은 설레는 마음으로 언젠가는 목장 주인이 되겠다는 꿈을 7장의 종이에 깨알같이 적었고 목장의 구조를 자세하게 스케치한 그림까지 곁들였다. 25만평에 달하는 거대한 푸른 목장에 말과 소, 양들이 뛰어다녔고 커다란 저택도 한가운데 그려서 제출하였다. 그러나 다음 날 선생님은 소년의 숙제에 빨간 글씨로 F를 표시해 주며 말했다. "애야, 너의 꿈은 실현 불가능하단다. 너와 네 아버지는 25만평의 땅과 말을 거느릴 돈이 없지 않니? 만일 네가 좀 더 현실적인 꿈을 계획하여 다시 제출한다면 점수를 주겠다."

집으로 돌아온 소년은 밤을 새워 고민하며 다시 작성하려 하였으나 그 꿈은 변할 수 없기에 어제 제출하였던 것을 수정하지 않고 제출하며 소년은 말한다. "선생님, F학점을 주세요. 그래도 저는 이 꿈을 간직하겠어요."

수십 년 후 몬트 로버츠는 고등학생 때 상상했던 거대한 목장의 주인이 되었고 그 목장을 청소년 캠프장으로 사용하도록 내놓았다. 그리고 청소년 캠프장에 모인 학생들에게 로버츠는 옛 일을 회상하듯 벽난로 위의 그림을 가리켰다.

"이 그림은 소년이 그린 꿈이지요. 그런데 그 소년에게 F학점을 주셨던 선생님이 2년 전 학생들을 데리고 이곳을 다녀가셨습니다. 그리고 눈물을 글썽거리며 말씀하셨습니다. '여보게, 내가 자네를 가르치는 선생님이었을 때 나는 꿈을 훔치는 도둑이었네. 그 시절 나는 참으로 많은 학생들의 꿈을 훔쳤어, 다행히 자네는 굳센 의지가 있어서 꿈을 잃어버리지 않았지만....' 제 이야기는 이것으로 줄입니다."

몬트 로버츠가 이야기를 끝마치자 주변은 엄숙함으로 가득 찼다. 나는 어떤 교사였는지 곰곰이 생각에 잠겨본다.

나를 믿는 이 보잘것없는 사람들 가운데 누구 하나라도 죄짓게 하는 사람은 그 목에 연자 맷돌을 달고 깊은 바다에 던져져 죽는 편이 오히려 나을 것이다 마 18:6

---

1) 뉴스프리존, http://www.newsfreezone.co.kr 참고.
2) 신경식 편저, 꿈을 현실로 만든 128가지 이야기, 국민일보.

끊임없는 시도

비행기를 타고 여행을 할 때마다 크고 거대한 물체가 날 수 있다는 사실에 대해 라이트 형제에게 고마움을 느끼곤 한다. 수없이 많은 실패를 하면서도 학습된 무력감을 갖지 않고 어떻게 자기 효능감으로 살 수 있었을까? 사람이 살아가면서 때때로 예기치 않았던 절망 속에 쓰러질 때가 있다. 그러나 누군가 수없이 많이 실패하고 좌절하고 절망가운데서 다시 일어섰던 이야기를 통해, 다시 일어날 수 있다는 용기를 얻을 때가 있다. 필자도 큰 결심으로 라이트 형제가 태어나서 자라고 수많은 비행 시험을 실패했던 곳과 박물관을 찾아갔다.

최초의 동력 비행기를 만든 라이트 형제 윌버 라이트[1867년]와 오빌 라이트[1871년]는 복음주의 연합형제교회 주교의 아들로 태어나 어릴 때부터 기계를 다루는 재능이 남달랐다. 1878년 아버지로부터 고무줄로 움직이는 프로펠러가 달려 있어 하늘을 날 수 있는 '헬리콥테르'라는 작은 장난감 선물을 받고 비행에 관심을 갖게 된다. 라이트 형제는 비행기를 직접 만들어 보려다 실패한 후, 연 날리기에 열중하면서 바람의 방향과 세기를 익힌다. 그들은 고등학교를 졸업하지 못했으나 수많은 독서에 몰두했고, 고등학생 시절 인쇄기를 직접 조립해 신문을 만들었으며, 1892년에는 자전거 수리를 동업하여 제작과 판매까지 겸하는 회사를 세웠다. 그들은 당시 미국을 휩쓴 자전거 열풍 덕분으로 얻게 된 수입금으로 항공실험을 시작하였다. 라이트 형제가 항공실험을 할 즈음에 다른 분야에서는 공기역학, 구조공학, 기관설계, 연료기술이 어느 정도 발전된 수준이었다. 형제는 이러한 기술들을 하나로 통합하여 실제로 비행할 수 있는 기계인 '비행기'를 만들 수 있다고 생각하여 수많은 실험을 하였다.

형제가 비행시험을 하고 있을 때 오토 릴리엔탈이 활공실험滑空實驗에 성공하고 1896년에 추락하여 사망했다는 소식을 들었다. 윌버는 이 소식에 가슴 아파하며 비행기에 더욱 관심을 갖게 되었고, 1900년 어느날, 그들은 글라이더의 비행 실험을 시작했으나 글라이더에 엔진이나 프로펠러가 없어서 마음대로 날 수 없고 바람을 타고 날아야 했다. 라이트 형제는 가벼운 엔진을 만들기 위해 3년을 연구한 결과 온갖 고난을 이겨내고 12마력의 가벼운 엔진을 만드는데 성공한다. 그들은 비행기에 하나의 엔진이 두 개의 프로펠러를 돌리도록 장치된 동력을 이용한 세계 최초의 시험 비행을 계획했다. 초청장을 받은 사람들의 반응은 냉담했고 시험 비행에 참석한 사람은 겨우 5명이지만 시험 비행이 시작되자 숨을 죽이고 지켜보던 관중들은 일제히 함성을 질렀다. 비행기는 윌버의 신호에 따라 오빌이 조종하였고, 비행기는 지면을 떠나 3미터 높이로 떠서 100미터쯤 날아가 12초간 공중에 떠서 제어 가능한 비행을 했고, 2번째 비행은 59초 동안 243.84m를 비행하여 평원에 가볍게 착륙했다. 새처럼 날기 위하여 공중에서 어떻게 균형을 잡는지를 관찰하고 성공적으로 비행하기 위한 방법을 터득하고 실패 뒤에 그것이 왜 실패했는가를 알기 위해 다시 연구하느라 밥도 제대로 먹지 않고 연구에만 몰두하였다.

드디어 수천 번의 비행 실험과 연구 결과로 1903년 최초의 동력 비행기인 '플라이어 I'을 완성하고, 더 높이 더 멀리 더 오랫동안 날 수 있는 동력비행기를 위해 새로운 기관을 설치하여 개량한 '플라이어 II'를 1904년 비행했다. 세계 최초의 실용 비행기인 '플라이어 III'은 1905년에 만들어졌고 30분 이상 공중에 떠 있을 수 있었으며, 그 이후에도 형제의 비행시험은 계속되었고 끊임없는 시도가 이루어졌다.

월버는 1908년 8월 8일에 프랑스 르망 근처의 경주로에서 새로운 비행기로 최초로 공개비행을 시작하여, 1908년 말까지 시범비행을 계속했다. 월버는 이 5개월 동안 100회 이상 비행하여 25시간 이상 공중에 떠 있었고, 이 중에서 약 60번 정도는 승객을 태웠으며, 1시간이 넘는 비행을 7번하여 결국 2시간 20분이라는 비행기록을 세웠다. 오빌은 버지니아 포트마이어에서 관람을 제공하는 비행을 시작했으나 기계적 손상으로 추락하여 부상을 입었고 승객이 사망하는 사고가 일어나기도 했다. 사람들의 비난과 험담 속에서도 자신의 꿈을 위해 마땅히 지불해야 될 것이라는 신념 속에서 라이트 형제는 자신의 갈 길을 갔다. 1909년 말까지 유럽과 미국에서는 그들의 비행기를 제작하여 계속해서 세계 항공기산업을 주도했다. 1910년과 1911년에 개량된 라이트의 비행기가 계속 제작되어 뛰어난 비행을 했지만 결국 유럽의 경쟁자들은 그들을 능가하기 시작했다. 하늘을 나는 꿈을 꾸고 그 꿈을 실현한 월버는 1912년에 장티푸스로 사망했고, 오빌은 1948년까지 항공 공학에 값진 공헌을 했다. 자신이 꾸던 꿈을 위해 열정을 쏟은 형제는 둘 다 미혼으로 죽었기에 그의 아버지는 월버의 추도문에 이렇게 쓰고 있다.

"중요함으로 가득한 짧았던 삶. 실수 없는 지성, 동요하지 않는 열정,

크나큰 겸손과 자기 신뢰, 정의를 명확히 바라보고 그것을 꾸준히 추구하면서 살다 죽다."

　라이트 형제가 수없이 비행실험을 실패했던 모래언덕에 털퍽 주저앉아 바람을 맞으며 나는 깊은 생각에 잠겼다. 무모하기조차 했던 실험들이, 아니 자신들의 개인적 삶을 다 포기하고 진정 원했던 하늘을 날고 싶은 희망과 소망을 위해 모든 것을 걸었던 그들, 계속되는 학습된 무력감 앞에서 라이트 형제의 도전과 실험정신의 힘은 어디에서 나온 것일까? 실패와 좌절, 고난과 고통에도 동요하지 않는 열정을 가졌던 그들! 성공하였음에도 불구하고 크나큰 겸손으로 자신을 신뢰하며 살았고, 정의를 명확히 바라보고 그것을 꾸준히 추구하면서 살다 죽은 라이트 형제의 추도문을 생각하며 나 자신을 돌아보았다. 내가 원하는 것이 진정 무엇인가?' 이렇게 계속되는 학습된 무력감 앞에서 나는 일어날 수 있는가?

　인생은 선택이다. 그리고 그 선택권은 항상 내 자신에게 있다. 내 자신이 진정 원하는 것이 무엇인가를 알고 내가 무엇인가를 선택하기 위해서는 선택의 기준이나 신념이 있어야 한다. 그러나 요즘 젊은 부모들이나 학부형들을 보면 남이 하니까 나도 한다는 식의 신념과 선택을 가지고 살아가는 사람이 많이 있다. 다른 사람에게는 아무리 좋아도 정작 본인에게는 어울리지 않는 옷이 있듯이, 다른 사람들은 맛이 있어도 본인이 먹으면 알레르기가 있는 음식이 있듯이, 아무리 예쁜 신발이라도 발에 맞지 않으면 신을 수 없듯이 나에게 어울리고 나에게 맞고 내가 잘 할 수 있는 것들이 있기에 이것을 찾는 것이 무엇보다도 중요하다. 그리고 정말 본인이 원하는 것이라면 실패에도 굴하지 않고 때때로 그

것이 허공을 치는 이야기처럼 느껴지고 막무가내인 것처럼 보이고 실현 가능성이 없는 것처럼 보여도 이루고자 하는 꿈을 이루기 위해서 실패는 마땅히 지불해야 할 대가라고 생각하며 앞으로 나아갈 수 있는 선택의 신념이 필요하다.

이 세상을 살아가는 부모들과 우리의 자녀들에게는 이러한 끊임없는 시도의 정신이 필요하다. 우리 자녀들이 살아가야 할 이 세상은 그들이 생각하는 만큼 녹녹하지 않은 세상이다. 이곳에서 그들이 살아가기 위해서는 실패에도 두려워하지 않고 학습된 무력감을 떨쳐버리고 자신이 가진 신념에 따라 살 수 있도록 해야 한다. 과거의 실패는 이미 지나간 것이며 영원히 벗어날 수 없는 저주가 아니다. 자기 객관화를 통해 실패와 불행을 직면하면서 자신을 잃지 않는다면 그 불행과 고통을 동기로 바꿀 수 있다.

그리스도인으로서 어떤 위기라도 극복하려면 무엇보다 제자의 삶에는 고통과 고난이 따른다는 것을 하루라도 빨리 깨닫는 것이 좋다. 자녀들에게 현재에 충실하며 살라고 가르치지만 미래에 대한 불안감을 심어주어서는 안 된다. 하지만 믿음에는 고난이 따른다는 사실을 알려주는 것도 잊지 말아야 한다. 우리의 믿음이 클수록 그 때문에 부딪혀야 하는 반대도 클 것이다. 실패했던 어제는 기억하지 말고 오늘을 새롭게 시작할 수 있도록 내일의 희망을 심어주는 것이 인생을 살아가는 지혜이다.

고린도후서 5장 17절에서는 '그런즉 누구든지 그리스도 안에 있으면 새로운 피조물이라 이전 것은 지나갔으니 보라 새것이 되었도다!'고 선포한다. 인생은 방향이다. 자기가 선택한 방향으로 흘러간다. 부정적인 쪽을 택하면 부정적인 방향으로, 긍정적인 쪽을 택하면 긍정적인 방향으로 이어진다. 실패를 했더라도 그 실패를 바라보는 지금 여기에서의 내 마음을 점검하면 실패가 나를 사로잡을 수 없다. 고통과 실패와 좌절의 순간순간에도 하나님은 나를 일으키고 계시기 때문이다.

그런즉 누구든지 그리스도 안에 있으면 새로운 피조물이라 이전 것은 지나갔으니 보라 새것이 되었도다고린도후서 5:17.

자아실현

우리는 드라마 <스카이 캐슬>과 <펜트하우스 1,2,3>을 통해 일류 대학입학을 향해 가는 소득 상류계층 학부모들과 학생들의 모습을 보았다. 부모들은 그 어느 시대보다도 적극적으로 자녀의 삶에 개입하고 있다. 자신의 자아실현은 물론 자녀들을 위한다는 명분으로 상상할 수조차 없는 불의한 것들을 버젓이 행하고 있는 부모들과 이것을 아무런 죄책감 없이 그대로 받아들이는 아이들이 애처롭다. 과연 일류대학에 가는 것이 행복이며 자아실현일까? 2020년 서울대. 연세대. 고려대 신입생 55%가 고소득 가구에 속해있다는 것과[1] 미국 아이비리그 대학생 2/3 이상이 소득 상위 20% 이상 가정의 출신이라는 것, 특히 프린스턴과 예일 대학에는 소득 하위 60% 출신 학생보다 상위 1% 출신 학생이 더 많다는 것을[2] 안다면 드라마의 내용이 단지 허구적인 것이 아님을 알 수 있다.

노력과 재능만으로 누구나 상류층으로 올라갈 수 있다는 믿음은 더 이상 현실과 맞지 않는다. 모두가 가난했던 옛날과는 달리 가정형편이 좋은 학생이 성적도 좋다. 자녀들의 미래 능력이 부모의 사회경제적 문화요인과 관계가 깊기 때문에, 이런 배경을 제거한 개인의 온전한 능력 측정이 가능하지 않은 것이 현실이다. 가난을 벗기 위해 올라갈 수 있는 사다리 자체가 점점 오르지 못할 나무가 되었다. 이미 사다리에 올라 좋은 환경에 있는 부모라면 자녀들이 자신들처럼 살아주기를 바라는 것은 당연한 정서이다. 그러나 자신의 능력과 잠재력 및 가능성을 발견하지도 못하고 이 세상을 살아가는 자녀들은 자아실현을 어떻게 이룰 수 있을까?

나비 애벌레의 성장 이야기를 담은 트리나 플러스Trina Paulus의 동화책 「꽃들에게 희망을」3)은 어린이들을 위한 동화라기보다는 바쁜 경쟁 사회에서 자신을 잃어가는 이 시대의 어른들을 위한 동화이다. 줄무늬 애벌레는 알에서 깨어나 화창한 세상을 바라보며 즐거워하면서 나무의 잎을 먹으며 무럭무럭 자란다. 그러나 어느 날 갑자기 줄무늬애벌레는 나무 위에서 그저 먹고 자는 일을 반복하는 것보다 더 나은 뭔가 재미 있고 의미 있는 일이 있을 거라고 생각하며 나무에서 내려와 새로운 세상을 향해 발걸음을 내딛는다. 새로운 세상의 모습에 경탄하다가 줄무늬애벌레는 자신과 비슷한 애벌레 여럿이 어느 높은 기둥 위로 기어오르는 광경을 목격한다. 기둥 꼭대기는 구름에 가려 보이지 않지만 기둥에는 꼭대기로 올라가려는 애벌레들이 서로 엉켜있었다. 높은 꼭대기로 오르고 싶은 욕망을 가진 줄무늬애벌레도 기둥에 올라탔고 노랑 애벌레를 만나 친구가 된다. 막상 기둥에 오르니 먼저 꼭대기에 오르려고 서로 밟고 밟히며 경쟁에서 밀려 아래로 굴러 떨어져 죽는 애벌레도 있는 비정한 세계였다. 줄무늬애벌레와 노랑 애벌레는 '우리는 어디로 가는 것일까?'라는 질문을 던지며 결국 기둥 꼭대기에 오르는 것을 포기한다. 얼마간의 시간이 지나자 줄무늬애벌레는 먹고 자는 것이 삶의 전부가 아니라는 생각으로 결국 목숨을 걸고 다시 기둥을 오르지만 노랑 애벌레는 다른 애벌레들을 밟고 올라야 한다는 것이 영 내키지 않아 혼자 남는다.

혼자 남은 노랑 애벌레는 애벌레 자체로 사는 것이 자기가 진정으로 원하는 것이 아니라 삶의 목적을 세우고 자신이 어떻게 살아야 할지 생각하며 잎을 갉아 먹고 실을 뽑아 자기 몸을 계속 에워싸 고치를 만들고 드디어 노랑나비가 된다. 꼭대기에 선 줄무늬애벌레는 여기저기 다른 기둥에서 밟고 짓밟히며 끊임없이 오르고 또 오르고 있는 다른 애벌레들과 떨어져 죽는 애벌레들을 보고 충격을 받는다. 생각에 잠긴 줄무늬애벌레는 묵묵히 기둥을 내려와 노랑나비를 만난다. 노랑나비는 줄무늬애벌레에게 몸을 흔들어서 고치가 되라고 몸짓으로 가르쳐주자 줄무늬 애벌레도 실을 뽑아 고치가 되기 시작한다. 얼마 후 고치는 찢어지고 줄무늬나비가 태어나고 두 나비는 함께 날아간다.

사람들은 각종 문화의 혜택과 문명의 그늘 아래 살면서 수많은 사람들과 함께 숨 쉬고 말하고 사회적 활동을 공유하지만, 일상은 바쁘고 다른 사람들에게 진지한 관심을 가질 여유가 없는 것은 물론 그들이 무엇을 느끼고 생각하는지조차 관심이 없다. 사람들은 내가 우선이고 경쟁은 어쩔 수 없는 것이며, 인간은 원래 이기적 존재라는 것을 합리화하고, 그 합리화가 받아들여지고 통용되며 그러한 사회를 만들어 가는 것에 일조하고 있다. 성공과 명예와 부귀를 갖지 못하면 낙오자로서 고단한 삶을 살게 된다는 것을 삶의 공식으로 믿으며 경쟁적으로 살아간다. 자기가 원하는 것을 얻고 성공하기 위해서는 다른 사람을 짓밟고 올라가야 한다.

경쟁사회는 기쁨과 슬픔을 나눌 진정한 친구도 없고 목적도 잃어버리고 경쟁에 떠 밀려 결국 파멸하게 된다. 하늘과 땅 사이에 있는 물과 바람과 나무와 산과 사람을 보지 못할 뿐 아니라 그들과 교감하고 대화하며 함께 더불어 살지 못하고 그저 정복하고 다스려야 할 대상으로만 보이기에 인간은 더욱 외로워지고 소외된다. 이런 삶에 물들어 어느새 자기도 모르게 병이 든다. 세계보건기구WHO는 정신 건강을 '병이나 질병이 없는 것뿐만 아니라 육체적 정신적 사회적 행복의 상태' 라고 정의한다. 인간은 전인적 존재이기에 신체적으로만 행복한 상태가 아니라 정신적 사회적으로도 행복해야 하고 심리적으로도 행복해야 한다. 심리적 행복은 우리의 가장 낮은 욕구부터 높은 욕구를 아우르는데, 인본주의 심리학의 창시자인 매슬로우Abraham H. Maslow는 인간의 욕구를 5단계로 분류했다. 인간의 가장 기본적인 생리적 욕구, 신체 및 감정의 위협으로부터의 안전 욕구, 사랑과 소속되고 싶은 욕구, 인정받고 싶은 욕구 그리고 인간으로서 자아실현의 욕구가 있다.

여기서 욕구need란 인간을 활동하게 만드는 모든 동기motive로서 동기부여를 하는 욕구는 피라미드 계층을 이루고 있다. 생물학적 생존을 위해 가장 필수적이고 긴급하고 강한 욕구가 충족되어야 다음 단계인 안전함에 대한 욕구가 생긴다. 즉 배고프면 무엇보다 먼저 배고픔을 해결하려는 욕구가 강해서 배고픔을 해결한 후 다음 단계인 안전함을 추구하려는 동기가 생긴다. 안전에 대한 욕구는 신체적 안전뿐 아니라 사회적 안전과 구조적 안전, 심리적 안전도 포함된다. 안전함의 욕구가 해결되면 인간은 사회적 동물이기에 어딘가에 소속되어 사랑을 주고받으려는 욕구가 절실해진다. 왕따현상은 소속욕구의 역효과이다. 소속감을 느끼며 사회적 욕구가 충족되면 존중받고 싶은 욕구가 생기고, 존중받으면 자아실현self actualization을 하고자 하는 동기가 강해진다.

인간의 욕구는 완전히 만족한 상태에 있지 못하기에 결핍욕구가 해결되면 자아실현의 성장욕구를 향해 동기화 된다. 자아실현 욕구는 자아성취 욕구로서 무엇인가에 몰두하여 이루어냈을 때 느끼는 만족감 또는 뿌듯함으로 외부에서 주어지기보다는 내부에서 스스로를 평가하여 일어나는 욕구이다. 자아실현은 물질적 사회적 욕구를 뛰어넘는 정신적 욕구가 포함되어 있고, 외부의 가치판단이나 상대적 기준에 의해서가 아니라 자기 자신의 기준을 만족시키는 상태이다. 따라서 자아실현은 남이 인정해 주거나 말거나 내가 나를 인정하는 것이고, 스스로를 계발하여 최선을 이루기 위한 본질적인 성장의 끊임없는 과정이다. 자아실현 욕구는 목표에 도달하게 하는 힘이 있어서 그것을 바라보며 나가게 한다. 자아실현의 욕구를 성취하려면 각자의 장점과 가능성 및 잠재력을 알고 그것을 발현시킬 수 있는 환경과 기회를 만들어야 한다.

매슬로우는 마지막 성장욕구가 자아실현이라 하였지만 그리스 철학자 아리스토텔레스는 인간이 자신의 잠재력과 가능성을 최대한 유감없이 발휘하는 것으로 보았다. 브라멜드T. Brameld는 문화의 전승과 창조에 참여함으로써 자아실현을 할 수 있다고 하였으며, 영국의 철학자 그린T.H. Green은 신학적 관점에서 인간이 신의 성품과 같은 최고의 선善의 상태를 실현하는 것이 자아실현이라 하였다.

자아실현은 개인에 따라 각기 다르기에 매슬로우의 자아실현에 대해 동의하지 않는 사람들도 있다. 많은 연구에 따르면 비록 기본적인 욕구가 충족되지 않더라도 욕구를 유예하고 고통을 감내하며 자아실현을 향해 가며 행복을 느끼는 사람들이 있기 때문이다. 이들에게 자아실현이란 자기 존재의 의미를 인식하고 삶의 가치와 목표를 위해 고난과 실패에 굴복하지 않고 바르게 살며 타인을 위해 자신을 기꺼이 내어줌으로 행복을 느낀다. 테레사 수녀, 슈바이처 박사, 마틴 루터킹 목사 등과 같이 유명한 사람이 아니어도 자아실현을 한 사람들이 많다. 사회적으로 인정을 받기 위함도 아니고 누군가에게 칭찬을 받기 위함도 아니고 단지 하나님이 주신 사명을 깨닫고 서 있는 자리에서 사랑과 희생으로 헌신하며 보다 나은 세상을 만들다가 이름 없이 간 사람들이다. 이러한 자아실현의 사람들은 커다란 일을 하는 것이 아니라 자기에게 주어진 일을 기쁨으로 감당하는 것이다.

삶이 경쟁적으로 치닫고 고달파 미래가 막막하고 희망도 보이지 않지만 사람에게는 성장욕구가 있기에 자아실현을 위해 저마다 이루고자 하는 삶의 목적이 있고 목적을 향하여 간다. 목적은 궁극적으로 도달하고자 하는 것인데 자아실현 자체는 목적이 아니다. 자아실현의 목적은 결국 인간의 행복이다. 그런데 행복을 느끼는 것은 사람마다 다르고, 자신이 원하는 것을 성취하고자 하는 정도가 다르고, 무엇에 도달하고자하는 욕구도 달라서 꼭 성장욕구의 종착역인 자아실현에 도달하지 않아도 각 단계의 욕구가 충족되면 충분히 행복을 느끼며 사는 사람도 있다.

무릇 지킬만한 것보다 더욱 네 마음을 지키라 생명의 근원이 이에서 남이니라잠언 4:23.

---

1) 마이클샌델(2020). 공정하다는 착각, 와이즈베리, 6.
2) 위의 책, 32.
3) 트리나 폴러스(1999). 꽃들에게 희망을, 김석희 역, 시공주니어. (원제: Hope for the Flowers).

현재를 즐겨라Carpe diem

나는 수업을 할 때 학생들에게 수업 주제와 관련된 영화를 가끔 보게 한다. 영화 한 편이 때로는 오랫동안 진한 메시지로 삶에 영향을 주기도 하고, 수업의 내용을 더 오랫동안 기억나게 하거나 주제를 생생하게 나타내 주기 때문이다. 지루한 강의보다는 영화를 통해 생각의 지평을 넓히고 토론하며 간접경험을 넓힌다. 영화관람 후 학생들은 무엇을 느꼈는지 영화가 주는 의미가 무엇인지 등으로 토론한다. 수없이 많은 영화 가운데 하나가 「죽은 시인의 사회」이다. 이 영화는 "진정한 교육은 무엇인가? 삶의 가치는 무엇인가? 교사의 역할은 무엇인가?"에 대해 끊임없이 고민하게 하고, 교육자로서의 내 자신을 살펴보게 한다.

이 영화의 배경은 1959년 아이비리그 진학률이 75%인 미국 명문 사립 고등학교이다. 키팅 선생님이 자신의 모교인 개신교 계통의 명문사립 월튼 학교에 국어교사로 부임하고, 키팅 선생님을 만난 학생들은 생각의 지평이 열리고, 삶의 태도가 변해간다. 학생들은 '죽은 시인의 사회'라는 시 동아리 모임을 갖고 회원을 모집하는 신문에 장난삼아 '애인 구함'이라는 식으로 광고를 내면서 이야기가 전개된다. 닐 페리 학생은 공부에 충실하여 의대에 가라는 아버지 몰래 연극부에 들어가 한여름 밤의 꿈에 퍽 역할을 맡지만 공연 전날 아버지는 당장 그만두라고 한다. 닐은 연극이 하고 싶지만, 아버지 앞에서는 그만 두겠다 하고 키팅 선생님에게 상담을 한다. 선생님은 아버지에게 자신의 생각을 말하고 열정을 보여 허락을 받아내라고 격려한다. 그러나 닐은 아버지에게 허락을 받지 않고 그냥 연극에 나가기로 결심하고 선생님께는 아버지의 허락을 받았다고 거짓말한다. 닐의 아버지는 연극을 보러 왔고 닐은 최선을 다해 연기를 하지만, 공연 후 닐은 아버지에게 끌려가서 심한 꾸중을 듣는다. 날이 밝으면 사관학교로 강제 전학을 시키겠다는 선언에 아버지를 더 이상 설득할 자신이 없어진 닐은 결국 밤에 자신이 역할을 맡았던 퍽이 쓰는 관을 써본 뒤 아버지 서재에서 총으로 자살한다. 닐의 부모는 아들의 죽음 책임을 다른 사람에게 떠넘기려 하고, 학생의 자살을 덮으려 하던 교장도 희생양을 찾는다. 교장은 연극부 학생들과 부모를 불러 키팅 선생님이 모든 일에 책임이 있다는 증언을 강요하고 거부하면 퇴학이라고 협박한다. 찰리 댄튼 학생만 퇴학을 선택하고 나머지 연극부 학생들은 부모와 교장의 압박에 키팅의 해고에 서명을 한다. 키팅은 부모의 그릇된 욕망으로 사랑하는 제자를 잃고 그 책임을 학생들로부터 전가 받는다.

키팅 선생님이 오명을 쓰고 학교를 떠나게 되자 키팅 선생님이 맡았던 국어 수업을 교장선생님이 임시로 맡게 된 수업 첫 시간, 키팅이 물건을 가지러 교실에 들어가자 토트 앤더슨이 갑자기 일어나 교장에게 강요당해 서명할 수밖에 없었다고 외친다. 키팅의 결백을 주장하는 토트에게 놀란 교장은 자리에 앉고 조용히 하지 않으면 퇴학시키겠다고 협박한다. 하지만 토트가 책상으로 올라가 월트 휘트먼W. Whitman의 시한 구절, 평소 제자들이 부르는 키팅의 별명 '오 캡틴 마이 캡틴'을 외치자 많은 학생들이 토트처럼 책상에 올라가 키팅을 향한 마지막 인사를 한다. 자신을 위해 인사를 하는 제자들에게 키팅은 '고맙다'고 말한다.

영화배우 로빈 윌리엄스가 키팅^{John Keating} 선생님 역할을 너무 잘 소화해서 로빈이 나오는 어떤 영화를 보든 「죽은 시인의 사회」에서 나왔던 대사들과 장면들이 문득문득 떠오른다. 그 중에서도 잊을 수 없는 것은 '카르페 디엠'이다.

"시간이 있을 때 장미 봉우리를 거두라, 시간은 흘러 오늘 핀 꽃이 내일이면 질 것이다. 이걸 라틴말로 표현하면 카르페 디엠이지"라고 말하는 장면이고 학생은 노트에 "Seize the day. Carpe diem"이라고 적는다.

과거는 이미 지나가서 없고 미래는 아직 오지 않아서 지금 여기라는 현재에 살고 있다. 현재를 살아야 행복하고 건강하며 즐겁게 살 수 있다. 과거의 고통이나 아픔이 괴롭힌다고 그냥 이에 내맡길 것이 아니라 현재에 충실하게 살아야 한다. '카르페 디엠'은 한 번 뿐인 인생이라고 하는 '욜로YOLO'라는 말과 다르다. 욜로는 2011년 Drake의 〈The Motto〉라는 곡에서 전 세계적으로 유명해졌다. 이는 '한 번 사는 인생인데' 혹은 '인생은 한 번뿐이다' 라는 말로 카르페 디엠과 같은 의미로 받아들여질 수 있다. 하지만 욜로는 영미권에서 '인생은 한 번뿐이니 뭐든지 내가 원하는 대로 하겠다'는 문맥을 지녔으며, 각종 위험하고 무모한 행위, 혹은 그러한 객기나 허세를 부리기 전에 외치는 감탄사처럼 사용된다. 그래서 '카르페 디엠'과는 차이가 있다.

우리나라는 암기와 주입식 교육, 입시 위주의 교육에 시달리고 성적

비관으로 많은 학생들이 자살과 일탈로 가고 있지만 좋은 대학에 가기 위해서는 현재의 고통과 불행을 감내해야 한다고 말한다. 미래를 위해서 현재는 없는 삶처럼 미래에 모든 것을 걸고 산다. 물론 미래를 위해 현재의 고통을 감수하는 것은 바람직하지만 적당한 밸런스도 중요하다. 모든 학생들이 좋은 대학에 다 갈 수도 없고, 모두 다 가야 하는 것도 아니다. 좋은 대학을 가려는 것은 좋은 취직자리를 얻고 출세한 동문들을 얻어 출세와 성공의 대열에 끼고자 하는 욕망에서 나온다. 이것이 현실적으로 틀린 말은 아닐지라도 사람은 누구나 자신만의 개성과 독특성과 흥미가 다르다.

이 영화가 부모들에게는 자녀들의 장점과 흥미와 개성과 다양성을 인정해 주라는 의미가 있고, 교사들에게는 기존의 교육방식인 억압, 규율, 통제 그리고 대입만을 생각하기 보다는 키팅 선생님처럼 학생들의 영혼에 영감을 불어넣어 주는 교사가 되어 줄 것을, 교육 책임자들에게는 권위보다는 경청과 배려와 책임감을 가질 것을 시사해 주고 있다. 「죽은 시인의 사회」는 이 나라의 모든 학생들이 공감할 수 있는 영화이기에 교육 현장에 계신 선생님들도 이를 잘 알고 있다. 또 선생님들도 과거와는 달리 변화되고 있다. 그동안 이 영화가 상영되고 수많은 반응을 일으켰음에도 불구하고 '왜 나는 키팅과 같은 선생님이 되지 못했을까?'에 많은 생각을 하게 된다.

최선을 다해 열정으로 학생들을 가르치고 돌보고 꿈을 갖게 하고 내일을 준비시키며 살게 했던 나의 교수생활이 나에게 어떤 의미를 주는 것일까에 대해 생각도 하게 된다. 나는 오명을 쓰고 자신의 의지와는 상관없이 학교를 떠나며 제자들의 마지막 인사를 받으며 '고맙다'고 인사하는 키팅의 장면에 잠시 멈추어 내 자신을 대비시켜 보곤 한다.

　　필자도 이와 비슷한 경험을 가지고 학교를 떠나 보았기에 그때의 내 상황과 느낌이 섞여 키팅의 마음에 내 마음이 겹쳐지기도 한다. 내가 할 수 있는 최선을 다해 아니 최선 그 이상으로 공부하고 가르치고 학생들을 돌보고 상담하고 연구하는 일을 내일로 미루지 않고 후회 없이 하루하루에 충실하며 살아왔기에 그것으로 충분했다고 자신을 위로하지만, 씁쓸함과 허무함과 무력감이 나를 괴롭히기도 했다. 필자가 학교에 돌아와 다시 교단에 섰을 때에 「죽은 시인의 사회」에서 나왔던 대사들을 떠올렸다. 그리고 더욱 더 후회 없는 교수생활을 끝내고, 하나님 앞에 서서 나의 행위가 드러날 그때를 기억하며 마음을 다시 새롭게 하곤 한다.

> Seize the day, Carpe diem 하루를 붙잡아라, 현재를 즐겨라
> Because, believe it or not, 믿든지 안 믿든지,
> each and every one of us in this room 여기 있는 모두 각자가
> is one day going to stop breathing, turn cold and die
> 언젠가 숨쉬기를 멈추고, 차가워져 죽기 때문이다.

　　현재를 즐겨라 또는 오늘에 충실하라 등의 '카르페 디엠'은 미국 영화 연구소AFI가 선정한 미국 영화 역사에서의 100대 명대사 기록에서 이 말을 95번째 항목으로 선정하였다.1) 왜 그랬을까? 짐작컨대 카르페 디엠에는 끝이 나타나 있기 때문이다. 언젠가 우리는 죽는다. 사람은 죽지 않고 영원히 살 것처럼 살아가면서 갑작스런 죽음 앞에서 절망한다. 하루를 충실히 살았는지 시간을 잘 쓰며 살았는지 살피며 오늘 주

어진 시간에 충실하며 즐겁게 살아야 한다. 하늘의 구름들이 보랏빛으로 물들고 집으로 돌아가는 자동차들이 불을 밝히면 자신에게 관심을 쏟고 내면의 보화를 캐내는 시간을 가져야 한다. 오늘 내가 하루를 잘 살았고 충실했고 온전히 감사하며 즐겼는지를...

교육은 담보되지 않은 내일을 위해 오늘을 희생하거나 시간을 보내는 것만을 가르쳐서는 안 된다. 미국 제32대 대통령 루스벨트의 부인인 엘리너 루스벨트Eleanor Roosevelt는 이렇게 말했다.

> Yesterday is "history",
>
> tomorrow is "mystery",
>
> today is "a gift",
>
> that's why we call it "present".

어제는 지나간 역사이고, 미래는 누구도 알 수 없는 신비이다. 오늘은 선물이다. 그래서 우리는 현재Present를 선물Present이라 부른다.

오늘이라는 선물을 감사하며 즐길 줄 아는 것을 배우는 것이 진정한 교육이다.

---

1) American Film Institute (2005). "AFI's 100 Years…100 Movie Quotes". 《AFI's 100 Years…》.

뒤센의 미소 Duchenne smile

심리치료의 하나인 웃음치료는 우습지 않아도, 웃을 일이 없어도, 웃음을 만들어서 깔깔 웃게 한다. 바라보는 사람은 그것이 우스워 결국 배꼽 잡고 웃으며 눈물까지 흘리고 이렇게 웃다 보면 행복해진다는 것이다. 웃음치료는 인간의 심리적, 정서적, 신체적, 사회적 역기능을 웃음을 활용해 순기능으로 바꿔준다. 고대부터 사람들은 웃음이 건강과 관련이 있다고 믿었다. 고대의 의사 밀레투스는 '인간의 특성'이라는 의학책에서 '웃음의 어원은 헬레hele이고 그 의미는 건강health이다'고 밝혔다. 그래서 윌리엄 셰익스피어는 오래 전에 이렇게 말했다.[1]

그대의 마음을 웃음과 기쁨으로 감싸라.
그러면 천 가지 해로움을 막아주고 생명을 연장시켜줄 것이다.

서양에서는 의학적으로 웃음의 생리적 효과를 밝히기 위해 많은 연구를 하고, 실제로도 그 효과를 검증해오고 있다. 그러나 우리나라의 웃음치료 역사는 그리 길지 않다. 1970년대에 병원과 복지시설에서 웃음치료 프로그램을 만들었고 2004년에는 '웃음치료사' 자격증이 등장했다. 2005년부터는 주로 우울증 환우와 암환자를 대상으로 웃음치료가 시작됐고, 현재는 요양원, 산후조리원, 보건소, 복지시설 등에서도 접할 수 있다. 이제는 치료의 개념보다는 혁신과 리더십, 기업 경영 차원에서 회사나 단체에서 펀^{fun}경영, 펀^{fun}마케팅, 펀^{fun}서비스, 펀^{fun}리더십 등 다양한 프로그램으로 확장되었다.[2]

"사람이 행복해서 웃는 것이 아니라 웃으니까 행복해진다"

이 명언을 남긴 미국의 심리학자이자 종교심리학자인 윌리암 제임스^{William James}는 하루에 2시간 이상 책 읽기가 어려울 정도로 힘든 눈병과 소화장애, 불면증, 허리통증 그리고 뿌리 깊은 우울증 때문에 학업을 중단하고 부모님 집에서 외롭게 매우 힘든 3년간의 세월을 보낸다. 그럼에도 제임스는 생리학, 신경학, 심리학 그리고 철학에 관한 유명한 책들을 읽으면서 기록해가며, 휴식을 취하고 싶으면 독일, 프랑스 그리고 영국 문학들을 읽곤 하였다. 조용하게 집중하고 살아가는 모습 이면에는 심각한 우울증과 무력감에 시달리기도 했다. 그랬던 제임스가 어떻게 웃을 수 있었을까? 그는 "영원한 하느님은 나의 피난처이시다.", "수고하고 무거운 짐진자들아 다 내게로 오라", "나는 곧 부활이요 생명이니…" 등의 성경 구절에 매달려서 미칠 것 같은 상황을 빠져나왔다. 그의 아버지가 종교에서 이성과 진리로 새 시대를 열라는 스베덴보리^{Swedenborg} 신학의 저서를 통해 구원의 길을 발견했다면, 제임스는 프랑스 철학자 샤를 베르나르 르누비에^{Charles Renouvier}와 영국 심리학자 알렉산더 베인^{Alexander Bain}의 노작들 속에서 구원의 길을 발견하였다. 그는 철학적 난제에 강박적으로 몰입하였던 것을 멈추고, 선택적인 독서와 행동을 통하여 새로운 감각을 익히게 되었다. 특히 제임스가 1898년 7월 1일 저녁에 친구들과 하이킹을 막 끝내려 할 때, '가장 생생하게 묘사할 수 있는 영적 각성 상태^{a state of spiritual alertness of the most}

vital description'에 있는 자신을 발견하였다. 오두막으로 잠자러 가는 동료들을 뒤로 한 채 그는 고요한 달빛이 내리고 있는 숲을 밤새 배회하면서 신비롭게 조명되고 있는 자연과, 그의 모든 친구들과 사랑하는 가족들, 그리고 도전적인 기포드 강연에 대한 감동과 기억들이 복합되어 올라오며 신비적 경험을 하게 되었고 그 경험은 제임스로 하여금 웃을 수 있는 근원을 마련해 주었다.

사람이 행복해서 웃을 때에는 14개의 근육이 필요하고 찡그릴 때에는 72개의 근육이 필요하다. 찡그리는 일보다 웃는 일이 훨씬 편하고 쉽기에 웃으면 피곤함이 없어지지만 찡그리고 화내면 쉽게 지치고 피곤해 진다. 그런데 웃음에도 진짜 웃음과 가식 웃음이 있다. 진짜 미소는 뒤센 미소Duchenne smile라 하고 가식적 미소는 팬 아메리카 미소Pan-American smile라고 한다. 팬 아메리카 미소는 편의상 팬암 미소라고 한다. 프랑스 의사이며 신경학자인 기욤 뒤센 드블로그Guillaume Duchenne de Boulogne는 사람의 인체 중 얼굴의 근육을 지도화하여 진짜 웃음과 가식 웃음에 쓰는 얼굴 근육이 다르다는 것과 사람이 웃을 때 광대뼈와 눈 꼬리 근처에 사람의 표정을 결정짓는 근육이 있다는 것을 발견했다. 즉 웃을 때는 입의 양쪽 꼬리가 위로 올라가고, 눈꼬리에 까마귀나 매 발 같은 주름살이 생기는데 의도적으로는 눈 주위나 광대뼈 부근의 근육을 움직이기가 쉽지 않다는 것을 발견했다.3) 감정 서비스나 각종 서비스에 종사하는 사람들과 특히 항공기 여승무원들의 미소는 참 아름답다. 그러나 이상한 것은 천진난만하게 웃는 아이들의 미소와 승무원의 미소는 다르다. 여승무원들의 미소는 눈 주변의 근육은 움직이지 않고 입 주위의 근육만이 움직인다. 한마디로 눈은 웃지 않고 입가의 미소만 띈다.

미국의 정서 심리학자 폴 에크만Paul Ekman도 미소에 대한 연구를 했다. 사람은 자신의 얼굴 근육 42개를 다양하게 조합해 총 19 종류의 웃음 혹은 미소를 만들어 낼 수 있다고 밝힌다. 놀라운 것은 이 19개의 미소 중에서 딱 한 가지만 진짜 즐거워서 웃는 것이고 나머지 18개는 가짜로 웃는 것임을 밝혀냈다. 에크만은 사람이 환하게 웃는 표정으로 유쾌하게 웃는 웃음을 '뒤센 미소Duchenne Smile'라고 이름 붙였다.

미소에 대한 재미있는 실험연구도 있다. 하커Harker와 켈트너Keltner는 캘리포니아 오클랜드에 있는 밀즈 칼리지 졸업생 141명을 연구대상으로 30년간 추적 조사를 하였다. 졸업사진을 분석해 보니 이들 가운데 50명의 졸업생은 눈꼬리의 근육이 수축되고 눈이 반달모양이 되는 환한 뒤센 미소를 짓고 있었다. 나머지 91명은 카메라를 보며 인위적인 미소를 지어 보였다. 이 졸업 사진의 주인공들이 각각 27세, 43세, 52세가 되는 해에 연구자들은 이들을 인터뷰하였다. 더불어 그들 삶의 다양한 측면에 대한 자료를 수집해 비교해 본 결과는 분명했다. 뒤센 미소를 지었던 50명은 인위적 팬암 미소를 지었던 나머지 91명 집단에 비해 훨씬 더 건강했다. 병원에 간 횟수도 적었고 생존률도 높았다. 결혼 생활의 만족도 비교가 안 될 정도로 높았고 이혼률도 낮았으며 평균 소득도 높았다. 이들은 미소라는 중요 요소 외에도 개인의 매력이라는 요소를 함께 체크했는데, 개인의 매력은 이들의 삶에 별다른 영향을 끼치지 못한 것으로 나타났다. 사람의 건강이나 행복한 삶, 소득 수준은 개인의 매력과 아무런 상관이 없으나 미소를 통해 보여진 내면의 건강상태와는 아주 밀접한 관련이 있었다.[4]

다른 사람 앞에서 만연의 미소를 띤 표정을 짓는다 할지라도 내 마음의 근육이 움직이지 않으면 진실한 웃음이라 할 수 없다. 어린아이들은 하루 평균 300~500번 정도 웃는 데 반해, 성인들은 하루 평균 7~10번 정도 웃는다. 이요셉은 「인생을 바꾸는 웃음전략」책에서 사람이 일생동안 TV를 보는 시간 7-10년, 잠자는데 23년, 일하는데 26년, 양치질하고 화장실 가는데 3년 반, 근심 걱정하는데 6년 7개월의 시간을 보낸다고 한다. 사람이 하루에 10번 미소짓는데 걸리는 시간을 모두 합해도 5분이 채 걸리지 않고 평균 70년을 산다고 할 때 5분간 웃으면 평생동안 겨우 88일 밖에 되지 않는다. 그러나 실제로 하루 5분간 웃고 사는 사람은 많지 않지만 만일 하루 2분간 웃는다고 가정한다면 웃으면서 사는 날은 겨우 35일에 불과하다. 그것도 50세가 넘으면 웃는 횟수가 현저히 줄어들기 때문에 겨우 한 달을 웃고 산다.

우리들도 행복하게 살고 싶다면 우선 미소를 짓고 자신의 얼굴을 책임져야 한다. 또 입만 열면 언제 어디서나 누구를 만나든지 감사가 흘러나와야 한다.

"고마워요"

"감사합니다."

성경은 "항상 기뻐하라 쉬지 말고 기도하라 범사에 감사하라"고 한다. 기쁨이 항상 끊임없이 지속되어 모든 일에 감사함으로 이어지려면 쉬지 말고 기도해야 한다. 우리가 이 세상을 살아가는 동안에 어떻게 매일 매순간 기뻐할 수 있으며, 실패하고 나를 헤치려는 사람이 주변에 많이 있는데 내가 이런 상황에서도 감사할 수 있을까? 하나님의 뜻은 나와 우리의 자녀들이 항상 기뻐하며 모든 일에 감사하면서 행복하게 사는 것이다. 이를 위해 하나님과 연결되도록, 마치 숨 쉬는 것처럼 끊임없이 쉬지 말고 기도하라는 것이다. 이것이 하나님을 기쁘시게 하는 일이며 우리를 향한 하나님의 뜻이다. 기쁨과 감사를 연결하는 것은 기도이다.

항상 기뻐하라 쉬지 말고 기도하라 범사에 감사하라 이는 그리스도 예수 안에서 너희를 향하신 하나님의 뜻이니라데살로니가전서 5:16-18.

1) https://m.blog.naver.com/dyhope/221371299803
2) 대한민국 정책브리핑 www.korea.kr참고.
3) 홍기원 외 2인, 사회심리학 참고.
4) https://m.blog.naver.com/dyhope/221371299803

블루터치 37.2°C

　　1851년 독일의 의사 칼 분더리히Carl Wunderlich는 환자 2만5천 명을 여러 차례 겨드랑이 온도를 측정하여 사람의 평균 체온이 37°C이고 정상 범위가 36.2-37.5°C라고 발표했다. 그 뒤 생리학에서는 지금까지도 이 수치를 쓰고 있지만, 2017년 발표된 한 논문에 따르면 영국 환자 3만5천여 명을 대상으로 여러 차례 구강 온도를 측정한 결과 평균값은 36.6도였다.

　　일반적으로 겨드랑이에서 측정한 체온이 36.4°C에서 37.2°C 사이에 속하면 정상체온이다. 37.5°C도 이상의 체온은 몸 안에 침투한 병원균에 대한 인체의 면역반응이다. 2-3일 이상 37.5°C 이상의 체온을 보인다면 병원균 감염을 의심해봐야 하며 열熱을 동반하는 모든 질환을 열병이라 한다. 열이란 체온이 정상범위보다 높게 증가하는 것으로 안정된 상태에서 구강온도가 37.2°C 이상일 때이다. 정상체온의 범위는 35.8°C-37.2°C로써 건강한 사람의 체온은 36.5-37°C이다. 건강한 사람이라도 하루 중 새벽 2-4시경에는 낮게, 저녁 6-10시경에는 높게 측정된다.[1) 인간을 포함해 포유류의 대부분은 주위의 온도와는 무관하게 체온이 일정한 범위 내에서 유지되는 항온동물이다. 외부 공기에 노출되는 몸의 표면은 체온이 낮고, 뜨거운 음식을 먹으면 체온이 오르면서

땀이 난다. 우리 몸의 체온조절 중추인 뇌 시상하부가 상황에 맞춰 자동으로 체온을 조절한다. 하지만 체온 수치가 항상성을 넘어서면 생명이 위험해질 수 있다. 사람은 여러 생명활동에 필요한 산소가 가장 활발하게 작용할 수 있는 체내 환경이 37.2°C이어서 대체로 이 온도를 유지한다. 37.2°C라면 '미열이 있는 상태'라고 생각할 수도 있으나, 이는 몸의 표면이 아닌 몸의 심부 체온Core Body Temperature, 몸의 중심 온도을 말하며 심부 체온 37.2°C는 신진대사가 가장 활발히 이루어지는 온도이다. 또 37.2°C는 여자가 임신할 수 있는 최적의 온도이자 사랑을 나누는 남녀의 체온이다. 신생아의 체온도 37.2°C이고 미열과 고열의 기준이 되는 것도 대략 37.2°C 이다. 즉 37.2°C는 생명의 온도이다.[2]

뿐만 아니라 37.2°C는 사람이 가장 아름다워 보이는 온도라고 한다. 더불어 상대방을 가장 아름답게 바라볼 수 있는 온도가 37.2°C이다. 내 마음 속을 따뜻함으로 가득 채우는 그 순간 비로소 다른 사람을 아름답게 바라볼 수 있다는 메시지를 갖고 있다. 사람은 누구나 사랑받고 사랑하며 살기를 원한다. 때로는 살면서 마음의 수은주가 내려갈 때도 있고 많이 올라갈 때도 있다. 사람도 서로 사랑하며 살기 위해서는 37.2°C를 유지해야 한다.

사랑은 관념이 아니라 37.2°C를 유지하며 매일 실천하는 것이다. 서울특별시는 물질적 풍요 속에서 결핍되어가는 국민의 정신건강을 증진하고, 정신 질환의 예방 및 정신 장애인 들의 삶의 질 향상을 위해 체계적인 정신보건 사업을 수행하고 있는데 그 브랜드가 블루터치BluTouch다. 다양한 사람들의 다양한 행복을 위한 서울시 정신건강 브랜드 블루터치는 서울 시민의 정신질환 편견 해소 및 인식 개선을 도모하기 위해 정신질환 편견해소 블루터치 37.2°C 캠페인을 진행하고 있다. 이것은 모든 서울 시민이 정신질환을 바라보는 낮은 온도를 버리고 편견에서 벗어나 정신질환을 바라보는 온도가 37.2°C가 되었으면 좋겠다는 메시지를 담은 정신질환 편견해소 캠페인이다. 2015년 서울시민 정신건강인식조사 결과 서울시민 10면 중 8명 이상이 일생생활 중 스트레스를 경험하고 있고, 10명 중 2명은 최근 1년간 2주일 이상 연속적으로 우울감을 경험한 것으로 나타났다. 또한 10명 중 4명이 정신건강 문제로 주변인이나 상담기관의 도움을 받은 적이 있다고 답했다. 주요문제로는 스트레스와 우울감으로 인한 어려움 순으로 나타났다.3) 우리 모두 37.2°C의 따뜻한 마음으로 서로를 바라보고 편견 없이 상대방을 받아들이는 마음을 갖도록 해야겠다.

필립 지앙Philipe Djiang,이 쓴 소설 「37.2도 아침」이 있다.4) 이 책은 영화 「베티 블루 37.2」로 더 많이 알려져 있는데 주인공 35살의 조르그는 독신으로서 배관공이며 작가 지망생이자 방갈로의 매니저다. 어느 날 그는 검은 머리의 미인 베티를 만난다. 베티는 조르그의 방갈로에서 새로운 생활을 하면서도 항상 무언가에 대한 갈증을 느끼며 살아가던 중, 우연히 조르그가 쓴 글을 발견한다. 밤새워 그것을 다 읽은 베티는 그가 굉장한 재능이 있다고 믿는다. 그러나 터무니없는 사장의 지시에 대한 반발로 베티는 사장의 차에 페인트를 쏟아 붓고 방갈로에 불을 지르고 조르그와 함께 친구 집으로 도망간다. 친구 집에 정착하자 베티는 곧 조르그의 원고를 타이핑하여 몇몇 출판사에 보내지만 모두 다 거절당한다. 베티는 출판사 사람들에게 복수를 하다가 결국 감옥에 갇히고 조르그는 베티를 고소한 출판업자를 협박하여 그녀를 빼낸다. 그들은 베티친구 어머니가 하던 피아노 가게를 맡게 되면서 새 생활에 만족스럽게 얼마 동안 잘 지낸다. 그러나 베티는 아이를 가질 수 없다는 것을 알게 되자 이상행동을 한다. 베티의 즐거움을 위해 조르그는 도둑질까지 하지만, 그녀는 스스로 머리카락을 자르고 자신의 한쪽 눈을 뽑아버리는 심각한 행동을 한다. 이 사건은 조르그에게 큰 심적 타격을 주지만 글을 쓰게 되는 새로운 전환점이 된다.

베티가 입원해 있던 어느 날, 어떤 출판업자로부터 조르그의 책을 출판하기로 했다는 통보를 받고 베티의 병실로 뛰어간다. 조르그는 베티가 침대에 묶여 있는 것을 목격하고 풀어주라고 담당 의사를 위협하지만 결국 면회 금지를 당한다. 여러 번 베티를 만나기 위해 병원을 찾아갔으나 남자 간호사들에게 발각되어 쫓겨난다. 조르그는 어느 바닷가에서 길을 걷다가 모래 위에 쓸려와 살점이 뜯긴 물고기를 발견하고, 그 물고기의 모습을 통해 베티를 보게 된다. 다음날 조르그는 여장을 하고 병원으로 가서 베티를 죽인다. 그리고 베티를 생각하며 글을 써내려가는 조르그의 모습으로 영화는 끝이 난다.

영화「베티 블루 37.2」는 남녀 두 사람의 사랑하는 모습이 많이 나오지만 사랑에서 중요한 건 타오르는 순간의 열정이 아니라 그 불이 꺼지지 않게 하려는 오랜 노력이다. 우리는 영화와 소설 같은 사랑을 꿈꾸지만 사랑이 낭만적인 것만이 아니다. 진정한 사랑은 결코 단순한 로맨스 또는 열정이 아니라 상대방의 연약함까지도 수용하는 것이기에 노력하지 않으면 사랑은 물거품이 되어버린다.

수천 년의 역사에서 사랑은 모든 문학과 철학과 예술과 종교의 주제였다. 플라톤의 작품 '향연'에서 사랑의 탄생에 대한 한 신화를 말했고 많은 문학에서 수도 없이 다루어 왔지만 아직도 사랑이 무엇인지 시원하게 말해줄 수 없다. 사람이 달나라에도 갈 수 있고 3D로 인간 복제품을 만들고 인간의 생각을 파악하는 인공지능이 있어도 사랑은 아직도 이러한 모든 것으로 설명하기가 불가능하다. 시인은 사랑을 읊고 노래하지만 진정한 사랑은 아직 알 수 없다는 것이고, 과학이 아무리 발달해도 사랑을 속 시원히 설명할 수 없다는 것이다.

성경은 사랑이 화기애애하고 단란한 가족간의 사랑을 나타내는 스토르게, 친구간의 애정 및 우정에 해당하는 필리아, 남녀 간의 낭만적인 사랑을 의미하는 에로스, 인류애를 담는 아가페 등 4가지로 표현한다. 그러나 이 개념을 다 이해하는 사람도 없고 다 이해한다 하더라도 사랑이 진정 무엇인지 아직도 모른다는 것이다. 자신을 사랑하고 가족을 사랑하고 사랑하는 사람을 사랑하고 친구를 사랑하고 원수까지도 사랑하는 사랑을 한마디로 표현한다는 것부터 무리이다. 그러나 사랑이 어떤 것을 말하든지 공통점은 사람을 소중하게 여기고 존중하며 관심을 가지고 관계를 지켜 가꾸는 것이다.

사랑의 샌드위치는 겉 식빵의 위와 아래가 오래 참는 것과 모든 것을 견디는 것인데 중간에 모든 것을 참는 식빵이 하나 더 추가되어 있다. 누구나 먹고 살기를 원하는 아름다운 사랑의 샌드위치를 만드는 재료는 오래 참고, 모든 것을 참는 것, 모든 것을 견디는 식빵 3장과 온유, 투기하지 않는 것, 자랑하지 않는 것, 교만하지 않는 것, 무례히 행치 않는 것, 자기의 유익을 구하지 않는 것, 성내지 않는 것, 악한 것을 생각하지 않는 것, 불의를 기뻐하지 않는 것, 진리와 함께 기뻐하는 것, 모든 것을 믿는 것, 모든 것을 바라며 것 등이다. 이런 자료들을 식빵

사이사이에 넣어 사랑의 샌드위치를 만드는 것이다. 사랑의 샌드위치를 먹는 것이 결코 쉽지 않지만 이것 없이는 누구도 살지 못한다고 말하기에 일상의 삶에서 이런 자료들을 잘 가꾸고 준비하고 정성들여 만들고 블루터치 37.2℃를 유지해야 한다. 성경 고린도전서 13:4-8 에서는 사랑에 대해 이렇게 분명히 말한다.

> 사랑은 오래 참고 사랑은 온유하며 투기하는 자가 되지 아니하며 사랑은 자랑하지 아니하며 교만하지 아니하며 무례히 행치 아니하며 자기의 유익을 구치 아니하며 성내지 아니하며 악한 것을 생각지 아니하며 불의를 기뻐하지 아니하며 진리와 함께 기뻐하고 모든 것을 참으며 모든 것을 믿으며 모든 것을 바라며 모든 것을 견디느니라. 사랑은 언제까지든지 떨어지지 아니하나 예언도 폐하고 방언도 그치고 지식도 폐하리라 고린도전서 13:4-8

---

1) 동아사이언스, 2020.1.14. '체온을 올리면 건강에 좋은 걸까' 참고.
2) 아보 도오루 지금(2011). 알기 쉬운 체온 면역학: 36.5℃, 김기현 옮김, 중앙생활사.
   디 언그로브 실버톤(2011). 인체생리학, 5판, 고영규 옮김, 라이프사이언스.
3) https://www.blutouch.net/blutouch/campaign_index.asp
4) 필립 지앙(1996). 37.2도 아침, 우종길 옮김, 열린책들.
   허은실(2015). eBook, 나는 당신에게만 열리는 책, 예담.

버릴 수 있는 용기

최소한 간단한 짐으로 여행을 하면 가볍고 신경 쓸 일도 없어 좋지만 불편할 때가 있다. 수년전 45일간의 여행을 계획하고 속옷 몇 가지와 티셔츠, 바지 두벌, 세면도구와 기초 화장품을 챙겼지만 가방은 이것저것으로 어느새 꽉 찼다. 그런데 막상 숙소에 가보니 있는 것 보다 없는 것이 더 많았고 샴푸와 린스는 물론 수건과 헤어드라이기도 마련되어 있지 않았다. 불편함에 익숙하지 않아 나의 마음도 불편해졌다. 그래서 예정했던 것보다 일찍 그곳을 떠나기로 마음먹고 필요한 자료를 찾기 위해 도서관에 들려 이책 저책을 뒤적거리며 시간을 보냈다. 그러다 우연히 K. 크리팔라니가 엮은「간디어록」의 한 구절에 나의 시선과 마음이 고정될 수밖에 없었다.

'나는 가난한 탁발승이오, 내가 가진 것이라고는 물레와 교도소에서 쓰던 밥그릇과 염소 젖 한 깡통, 허름한 요포 여섯 장, 수건 그리고 대단치도 않은 평판 이것뿐이오'

이것은 마하트마 간디가 1931년 9월 런던에서 열린 제2차 원탁회의에 참석하기 위해 가던 도중 세관원에게 소지품을 펼쳐 보이며 한 말이었다. 이 말에 눈이 머무는 순간 나의 얼굴이 화끈거림에 놀라 주변을 살피고 있는 내 자신을 발견하였다. 가진 것이 너무 많음에도 불구하고 필요한 것이 없다고 불평한 것이 부끄러웠다. 물론 필요에 의해서 이것저것 갖게 되지만 때로는 그 물건 때문에 마음 쓰는 일에 불편을 느끼기도 한다. 법정 스님이 「무소유」에서 말한 그 마음을 충분히 이해할 수 있다. 법정 스님이 거처를 다래헌茶來軒으로 옮겼을 때 어떤 스님이 난초 두 분盆을 선물해 준 것을 3년 동안 애지중지 키우셨단다. 그러나 이 난초를 너무 애지중지 키운 나머지 집착하는 자신을 보고 집착에서 벗어나기 위해 친구에게 그 난초를 주고 나니 그 얽매임에서 벗어나게 되었다고 한다. 법정 스님에게는 버릴 수 있는 용기가 있었다. 나를 비롯한 현대인들은 무엇인가를 가져야 자유롭다고 생각한다. 그러나 진정한 자유는 버림으로 누릴 수 있으며 버릴 수 있는 용기를 가진 자만이 누릴 수 있다. 누구나 변화를 꿈꾸고 새로운 미래를 원하지만, 익숙함과 미래에 대한 막연한 두려움 때문에 관습과 관행에서 벗어나지 못하기에 이런 것들을 버릴 용기가 없다.

미국 유니버셜 스튜디오에서 보았던 에니메이션 「슈렉」의 이야기이다. 보통 동화에 나오는 여자 주인공이나 에니메이션 주인공은 요정을 대표하거나 아름답거나 고상하거나 우아한 특징을 가지고 있다. 그러나 「슈렉」의 주인공 피오나 공주는 아르답거나 우아한 것과는 거리가 멀고 조신하지도 않고 남자의 뜻을 따라주는 순종적이거나 소극적인 여자도 아니다. 슈렉도 지금까지 동화 속 주인공들과는 달리 다소 거부감이 들고 사람들이 무서워 할 정도의 외모를 가졌고 성격도 괴팍하다. 그는 여느 왕자들처럼 멋있거나 신사도를 지니거나 정의감이 넘치지도 않고 잘 생긴 호남도 아니다. 처음에 이 에니메이션을 볼 때는 솔직히 왜 저리 못생기고 비호감인 인물들을 설정했을까에 대해 실망감이 컸다. 나의 내면에도 대리만족 효과가 크게 자리잡고 있다는 것을 그때 실감하게 되었다. 그러나 많은 사람들이 이 영화를 좋아했다. 그 이유가 무엇이었을까? 보는 관점에 따라 여러 가지가 있겠지만 먼저 아름답고 예쁘고 우아해야만 했던 기존 동화 속의 주인공이나 인물들에 대한 고정관념을 깼기 때문이다. 사람들은 동화를 읽으며 나는 저런 사람이 아니기에 그저 상상 속의 인물을 그리며 대리만족한다. 그러나「슈렉」은 주인공 슈렉과 피오나를 통해 현실 속에 있는 자신을 대하고 있기 때문에 많은 사람들의 사랑을 받았다.

그런데 이 에니메이션이 주는 메시지는 여기에서 끝나지 않았다. 사람들이「슈렉」을 정말 좋아하는 이유는 슈렉과 피오나의 용기 때문일 것이다. 그들은 사람들의 기준에 맞추어 외모적으로 멋진 남자와 어여쁜 공주가 될 수 있는 기회를 버리고 그들만의 늪지대의 집으로 돌아가 못생긴 얼굴을 서로 부비고 뽀뽀하며 마음껏 헤엄치고 노래하며 사는 인간의 자유로운 모습을 그렸다. 그들이 모든 것에서 자유로움을 누릴 수 있었던 것은 바로 버릴 수 있었던 용기이며 사랑의 힘이다.

필자에게도 버릴 수 있는 용기가 절실히 필요했다. 피오나 공주처럼 예쁘지는 않지만 나름 마음이 예쁘고 착하다는 자부심, 다른 사람에게 손해를 끼치거나 악을 행하지 않는다는 마음으로 인생을 살아온 착하다는 신드롬, 공부도 열심히 했다는 자만감, 다른 사람들이 내게 주는 인정감, 가르칠 수 있는 직업을 가졌다는 안정적 직업의식 등으로 똘똘 뭉쳐진 내 자신으로부터 벗어날 용기가 필요했다. 하지만 솔직하게 내 자신이 그것을 박차고 나올 수 있는 용기는 없었다. 그러나 지금까지 쌓아온 탑이 한 방에 무너진 사건을 통해 나는 너무 아프게 버릴 수 있는 용기를 배워야만 했다. 3년간의 고통 끝에 내 자리로 돌아왔을 때 조차도 내게는 그 모든 것을 버릴 수 있는 용기보다는 피해의식과 대인 기피증, 공황장애 등으로 시달려야 했다. 아무 일도 없었다는 듯이 아무렇지도 않은 척, 그러면서도 언제 다시 내게 피바람이 불어올지 모른다는 불안감으로 다시 똑 같은 무리 속에서 살아간다는 것이 무척 힘들었고, 조직 공동체에서 내가 할 수 있는 것이 아무 것도 없다는 학습된 무력감에 시달렸다. 하루하루 지낸다는 것, 나의 인생이 덧없이 흘러간다는 것을 견디기 힘들어 하면서도 버릴 수 있는 용기가 없었다. 그렇지만 결국 나는 심리적 죽음의 문턱에서 살기위해 이런 것들을 버려야만 했다. 나의 성격과 행동에 어울리는 옷을 다시 찾아 입고 나답게 살아야 할 용기는 커녕 죽지 않고 살기 위해 몸부림쳤다. 그래서 버리기 위해 떠나는 여행을 해야만 했다.

산티아고 순례 도보길 820km를 33일간 걷기 위해 짐을 쌌다. 33일 동안 배낭을 등에 지고 걸어야 하기 때문에 침랑을 포함한 배낭의 전체 무게는 자기 몸무게의 10%가 적당하다고 했다. 정말 최소한의 것으로 꼭 필요한 것만 챙겨 넣어도 4.7kg이 넘었다. 출발하기 3주전부터 챙겨 놓은 짐에서 뺄 것이 무엇인지 곰곰이 생각하고 하나 둘 빼거나 지금 당장 필요하지 않은 것은 모두 뺐다. 나의 건강 상태로 보아 내 몸무게 보다 가볍게 3kg의 짐을 드디어 꾸렸다. 이런 저런 상황을 생각하면 모두 필요할 거 같지만 지금 당장 필요하지 않은 것은 모두 버리고 떠나는 용기가 필요했다. 놀랍게도 최소한의 것만 가지고 33일간 순례 길을 걸었지만 크게 아쉽거나 불편하지 않았다. 식료품을 사서 음식을 만들어 먹고 남으면 아무리 좋고 아까와도 그곳에 두고 떠나야 하고, 다른 목적지에 도달하면 새로운 재료를 구입하거나 다른 순례자들이 남겨놓고 간 재료로 음식을 만들어 먹었다. 옷도 입고 있는 것 외에 한 벌이면 충분했다. 순례 길을 걷는 동안 지난 세월의 원망과 미움과 분노의 무거운 짐들도 버려야 했다. 온갖 아픈 상처들이 내 등을 짓누르고 있었기에 더 이상 갈 수 없는 마지막 산등성을 오를 때에는 버려야만 했다. 눈물 콧물 다 쏟아내고 비우니 비워진 자리에 평안과 희망과 은혜가 서서히 채워지고 있었다. 그동안 보이지 않았던 하늘의 구름과 길가의 풀들도, 느끼지 못했던 들판의 바람과 새들의 노래도, 작열의 열기를 내뿜으며 찬란하게 지는 석양도 내 눈에 들어와 마음의 문을 두들기기 시작하였다. 하늘의 구름이 자유롭게 보였다.

순례여행이 끝나면서 우리는 이 세상을 여행하는 순례자로서 산다면 살아가는데 필요한 것이 그리 많지 않다는 것을 확실하게 느꼈다. 성공의 욕망과 미래를 준비한다는 욕심 때문에 너무나 많은 것을 가지려고 한 것과 그 모든 것이 욕심에서 비롯된다는 것을 알았다. 지금까지 자신을 지탱해 온 것이나 익숙한 것에 매여 있으면 새로운 세계는 열리지 않는다. 버려야 새것과 원하는 것과 발전된 것으로 채울 수 있다. 과감히 버릴 때 새로운 것으로 채울 수 있다. 새 술은 새 부대에 담아야 한다. 반복적으로 돌아가는 익숙해진 일상은 세상을 유지할 수 있을 뿐 세상을 바꿀 수 없다. 버리는 것에도 용기가 필요했다.

교육은 자꾸 성공과 출세를 향해 채찍질을 하며 더 좋은 것, 더 많은 것, 더 높은 곳을 향해 가라고 몰아 부친다. 이것이 과연 교육일까? 진정한 교육이란 자기가 원하고 하고 싶어하는 일을 즐겁고 행복하게 하면서 살도록 돕고, 그 일을 통해 다른 사람을 행복하고 이롭게 하는 것이 아닐까? 기독교교육은 우리를 위해 자신을 내어주고 버리려고 오신 예수님을 본받아 살아가게 하는 것이다. 이 글을 쓰는 동안 내 머릿속에 '죄 많은 이 세상은 내 집 아니네. 나는 이 세상에 정들 수 없도다' 찬송가 가사가 맴돌고 있다.

죄 많은 이 세상은 내 집 아니네 내 모든 보화는 저 하늘에 있네
저 천국 문을 열고 나를 부르네 나는 이 세상에 정들 수 없도다

저 천국에서 모두 날 기다리네 내 주 예수피로 죄 씻음 받았네
나 비록 약하나 주님 날 지키리 나는 이 세상에 정들 수 없도다

저 영광의 땅에 나 길이 살겠네 손잡고 승리를 외치는 성도들
그 기쁜 찬송 하늘 울려 퍼지네 나는 이 세상에 정들 수 없도다

오, 주님 같은 친구 없도다 저 천국 없으면 난 어떻게 하나
저 천국 문을 열고 나를 부르네 나는 이 세상에 정들 수 없도다

스윗 홈

오후 6시 KBS라디오 '세상의 모든 음악'은 어렵지 않고 친숙하게 클래식의 세계로 다가가게 해 준다. '세상의 모든 음악'이 시작되는 시그널 음악은 사람의 마음을 파고드는 묘한 매력이 있다. 어둑어둑해지면서 가로등은 하나 두울 켜지는데 말없이 어두워지는 차도를 달리는 불빛들이 긴 행렬을 이루면 나도 모르는 외로움과 그리움 그리고 감사의 감정이 겹쳐질 때가 있다. 퇴근시간 교통체증으로 차가 막혀도 조급하지 않고 배가 고파도 참을 수 있는 고요한 제로의 시간이 된다.

시그널 음악과 함께 진행자의 멘트는 "오늘 하루도 수고하셨습니다."라는 말로 종종 시작한다. 스트레스와 피곤으로 지친 날에 나는 이 한마디에 울컥해서 우는 날도 있다. 아니, 오늘 나의 수고에 위로해 주는 이 없으니 어쩌면 이 말을 듣기 위해 주파수를 맞추고 이 시간을 기다리는지도 모른다. 해질 무렵이 되면 저마다의 사연과 수고를 안고 집으로 돌아가는 지친 차들의 불빛 행렬 속에서도 "세상의 모든 음악"에 젖어 돌아갈 집이 있다는 것에 감사를 느끼는 시간이 된다. 하루의 삶이 수많은 사연으로 얼룩져도, 실패와 수고와 고통으로 수놓아졌다 해도 돌아갈 집이 있다는 것은 얼마나 다행한 일이고 감사한지 모른다.

학교 다닐 때 불렀던 '즐거운 나의 집' 이라는 노래가 생각난다. 이 노래는 미국의 남북전쟁 시절에 남군 북군 할 것 없이 널리 불렀고 아브라함 링컨과 그의 아내가 특히 좋아했던 〈Home Sweet Home〉 이라는 노래이다. 1823년에 존 하워드 페인이 작사한 이 노래를 우리나라에서는 '즐거운 나의 집'이라는 제목으로 번안되어 애창되는 곡이다.

즐거운 곳에서는 날 오라 하여도 내 쉴 곳은 작은 집 내 집뿐이리
내 나라 내 기쁨 길이 쉴 곳도 꽃 피고 새 우는 집 내 집뿐이리
오! 사랑 나의 집 즐거운 나의 벗 집 내 집뿐이리

세상에 즐거운 곳, 멋진 곳이 많지만 그곳이 아무리 좋아도 평생 머물 수는 없다. 장기간 거주할 곳으로 집만큼 편한 곳은 없다. 안국약품이 운영하는 문화공간 갤러리AG에서는 2018년 새해 신년기획전으로 `영원한 고향 : 변하지 않는 그곳' 전을 개최한 적이 있다. 이 미술전시회는 현대인들의 가슴 속에 어떠한 모습으로든 고향에 대한 향수가 자리 잡고 있다는 것을 형상화한 전시회였다. 장소가 사라져도 고향의 모습이 살아 있듯이, 누구나 마음속에 간직하고 있는 고향의 이미지를 가장 아름답게 작가들은 그려내고 있었다.

우리에게는 이 세상의 집 외에 언젠가 돌아갈 영원한 고향, 변하지 않는 그곳, 아버지의 집이 있다. 아버지의 집에는 거할 곳이 많다. 그런데 우리가 아버지 집으로 가는 길을 잘 모른다. 그래서 예수님의 제자들도 '주님, 어디로 가시는지 우리가 알지 못하는데 그 길을 어찌 알겠습니까?' 라고 질문하였다. 하나님을 알고 예수님을 알고 있다 생각했으나 사실 물질적인 필요를 충족시켜 주는 마술사나 보호자와 만능자

로 또는 정치적인 안정이나 문제를 해결해 주는 만능 해결사로만 알고 있었을 뿐이었다. 이렇게 묻는 제자들에게 '내가 곧 길이다'고 말씀하셨다. 영원한 하나님의 집에 가는 길은 예수님을 통하지 않고는 아버지 집으로 갈 수 없다고 말씀하셨다. 예수님은 아버지의 집, 영원한 집으로 가는 길이다.

김장환 목사님의 큐티365에서 읽은 내용이다.[1] 1980년 3월 블란서 파리의 부르셀 병원에서 유명한 한 지성인이 폐수종 때문에 입원했다. 그는 한 달 동안 이 병원에서 소리를 지르고 절규했다. 그러면서도 죽음에 대한 불안과 공포 때문에 자기 병명이 무엇인지 아내에게 묻지도 못했다. 아내도 죽음에 대한 공포 때문에 남편에게 병명을 말해주지 못했다. 그가 바로 20세기에 가장 커다란 발자취를 남겼던 실존주의 철학자 사르트르라고 한다. 그는 1980년 4월 16일 입원한 지 한 달 만에 병원에서 그렇게 세상을 떠났다. 그가 세상을 떠나고 난 후에 신문들이 떠들기 시작했다. "사르트르가 왜 그렇게 죽어야 하는가? 죽음으로부터의 자유를 그렇게도 외쳤던 그의 말로가 이렇게 비참했던 이유가 무엇인가?" 그때 어떤 독자가 신문사에 이런 내용의 글을 투고했다.
"사르트르의 말로가 그렇게 비참했던 이유는 그에게 돌아갈 고향이 없었기 때문이다."

바쁘고 분주한 현대인들이 자기 존재의 가치를 일깨우고 돌아갈 영원한 고향이 있다는 것을 잊어버리면 흔들리게 된다. 사람들에게 돌아갈 영원한 고향이 있다는 것은 언젠가 평안히 돌아갈 수 있다는 것이며, 이 세상에서의 삶이 실패하든 성공하든 그것과 상관없이 깊은 용기를 느끼게 한다. 미국의 제6대 대통령 존 애덤스John Quincy Adams는 대통

령직에서 물러난 후 아주 초라한 집에서 노년의 삶을 보냈다. 한 친구가 오랫만에 그의 집을 방문했을 때 집의 벽은 허물어지고 지붕은 누더기처럼 낡았으며 바람이 불면 사방에서 삐그덕 거리는 소리가 들렸다. 이것을 보고 친구는 측은한 마음으로 애덤스에게 말했다. "미국의 대통령까지 지내신 분이 어떻게 이런 초라한 집에서 지낼 수 있습니까? 이 집은 매우 위험합니다." 애덤스는 빙그레 웃으면서 대답했다. "바람에 삐그덕 거리는 소리가 가끔은 관현악단의 연주로 들릴 때도 있답니다. 그러나 이제는 집이 위험해서 다른 곳으로 이사를 갈 생각입니다" 친구가 반가운 얼굴로 다시 물었다. "어디로 이사를 가십니까?" 그러자 애덤스는 손가락으로 하늘을 가리켰다. "저 곳으로…"

하늘나라는 우리들이 언젠가 돌아가야 할 영원한 고향이다. 그곳은 변하지 않는 언제나 스윗 홈이다. 돌아갈 집이 없는 사람은 죽음의 두려움에서 벗어날 수 없다. 그리스도인들은 돌아갈 고향을 소망하고 있기 때문에 죽음의 공포를 이길 수 있고 세상의 고통을 이겨낼 수 있다. 기독교교육에서 신앙교육은 자녀들이 언제나 돌아갈 집이 있음을 소개하며 준비하는 것이다. 어렸을 때 부르던 노랫말이 생각난다.

돈으로도 못가요. 하나님 나라-
힘으로도 못가요. 하나님 나라-
거듭나면 가는 나라 하나님 나라-
믿음으로 가는 나라- 하나님 나라-

벼슬로도 못가요 하나님 나라-
지식으로 못가요. 하나님 나라-

거듭나면 가는 나라 하나님 나라-

믿음으로 가는 나라- 하나님 나라-

너희는 마음에 근심하지 말라 하나님을 믿으니 또 나를 믿으라 내 아
버지 집에 거할 곳이 많도다 요14: 1~2

저희가 나온바 본향을 생각하였더면 돌아갈 기회가 있었으려니와 저
희가 이제는 더 나은 본향을 사모하니 곧 하늘에 있는 것이라 그러므
로 하나님이 저희 하나님이라 일컬음 받으심을 부끄러워 아니하시고
저희를 위하여 한 성을 예비하셨느니라 히11:14- 16

---

1) 김장환, 큐티365. 나침반출판사.
   https://m.blog.naver.com/PostView.nhn?blogId=yehwa25&logNo=220330393632&
   proxyReferer=https:%2F%2Fwww.google.com%2F

엄마의 엄마가 되고 싶다

　교육 또는 가르침이나 배움이라고 하면 학교나 학원을 먼저 떠올리고 교사와 학생 및 교재를 생각한다. 그러나 교육의 배움과 가르침은 학교의 수업에서만이 아니라 계획하지 않았던 곳에서 언제 어디서든 더 많이 일어난다. 물론 지식은 학교나 학원을 통해서 많이 배울 수 있다. 그러나 사람을 변화시키는 교육은 교실에서만 일어나는 것도 아니고 정해진 교육과정을 통해서만도 아니다.

　우리는 특별한 아이들이나 사회적 약자들을 보호하고 그들에게 베풀어야만 한다고 생각할지 모르나 사실은 반대인 경우가 많다. 강의와 논문발표로 정량 이상의 독서와 머리를 쓰다보면 피곤함이 온 몸을 휘감고 쫓기는 시간으로 감정이 메마른 내 자신이 두려워질 때가 있다. 언젠가 나는 피곤함과 드라이해진 감성을 음악으로 메꾸려고 라디오를 켜고 음악을 듣고 있었다. 한 음악이 끝나고 다음 음악 사이에 음악 진행자가 차분히 읽어주었던 내용이다.

　"너희들은 다음 세상에 다시 태어난다면 어떤 사람이 되고 싶니?" 어떤 학교 선생님이 반 학생들에게 질문을 하였다. 학생들은 저마다 자기가 꿈꾸던 훌륭한 사람들의 이름을 대며 자랑스럽게 그런 사람이 되겠다고 이야기했다. 친구들은 박수를 쳐 주거나 환호의 반응을 해 주었다. 그러나 평소에 다른 친구들과 잘 어울리지도 못하고 말도 별로 많이 하지 않은 한 학생의 차례가 되었다. 반 친구들은 그 학생에게 별로 관심을 두지 않았다. 그 학생은 장애를 가졌는데 조용히 일어나 수줍은 목소리로 다음과 같이 말했다. "저는 이다음에 다시 태어난다면 우리 엄마의 엄마로 태어나고 싶습니다." 이 말을 들은 반 친구들은 말도 안 되는 말을 한다고 여기저기서 비웃었다. "저는 장애를 가졌기에 매일 아침 엄마가 저를 업고 학교 교실에 데려오고, 수업이 끝날 때까지 기다렸다가 다시 저를 업고 집으로 데려갑니다. 비가 올 때는 엄마가 비에 다 젖고, 나를 업는 것이 힘들어 추울 때에도 엄마의 이마에 땀방울이 맺힙니다. 그래서 제가 다시 태어난다면 이렇게 저를 위해 고생하는 엄마의 엄마로 태어나서, 내가 엄마에게 받은 사랑을 조금이라도 엄마에게 갚고 싶습니다."

방송진행자가 읽어준 "엄마의 엄마가 되고 싶다"는 장애아동의 이야기를 들으며 눈물이 왈칵 솟아올랐다. 정상적인 아이들이 생각하지도 생각할 수도 없는 이야기에 마음의 메아리가 깊이 울려 퍼지며 마사 베크의 회상록인 「아담을 기다리며Expecting Adam: A True Story of Birth, Rebirth, and Everyday Magic」가 생각났다.[1]

마사와 존 베크는 하버드대학 박사과정을 공부하는 젊은 학생부부이다. 그들은 끊임없이 경쟁하는 환경에서 자신의 성공을 위해 고군분투하며 살고 있는데 어느 날 교통사고로 둘째 아이를 임신했다는 사실을 알게 된다. 박사학위 과정 중에 둘째 아이를 갖는다는 것은 학업을 중단하거나 포기하는 것 또는 보장된 미래를 버리는 것과 같다. 하버드

교수들과 의사와 동료들은 베크 부부의 장래를 위해 먼저 박사학위를 끝낼 것을 조언하고 충고하지만 이 부부는 아기를 태어나게 해야 한다고 결정했다. 태아에게 '아담'이라는 이름을 지어주었는데 아담이 다운 증후군이라는 검사 결과가 나왔다. 태어날 아기가 장애인이라면 아이를 기다리는 부모에게 이보다 충격적인 일은 없을 것이다. 이런 경우에 대부분의 부모들은 충격을 받아 자신들이 뭔가 잘못한 일을 했기에 이런 벌을 받는다고 생각하기 쉽다. 하지만 절대로 그렇게 생각해서는 안 된다. 모든 일에는 하나님의 섭리가 있으며 하나님께 눈을 돌리고 하나님의 시각으로 상황을 바라보아야 한다. 충격적인 소식과 함께 베크 부부는 아기를 뱃속에 품고 있는 동안 화재도 났었고 임신으로 인한 탈진, 온갖 고통과 절망, 불안한 생각이 있었지만 그럼에도 불구하고 보이지 않는 존재의 힘을 느낀다. 부부는 그 힘으로 평화를 누리고 가족이 서로 사랑한다는 것이 무엇인지 깨닫게 되며, 아담이 태어날 날이 가까이 다가옴에 따라 그들 자신이 이 세상에 전혀 새롭게 태어나는 경험을 한다.

아담이라는 특별한 아기의 잉태와 탄생으로 그들은 새삼스럽게 삶의 속도를 늦추어야 할 필요성을 느끼며 자신들의 안과 밖에 있는 작은 것들 속에 아름다움과 진리가 있다는 것을 발견한다. 소위 지적 엘리트들의 살벌하고 끊임없는 경쟁, 자기중심적인 삶과 위선, 학문적 사회적 성공을 위해 물불을 가리지 않던 비인간적인 메마른 삶에서 상상조차 할 수 없었던 새롭고 풍부한 내면적 행복의 세계를 향해 눈이 열리게 된다. 베크 부부는 지금까지 살아왔던 것, 세상이 제시하는 기준으로 보던 눈을 버리고 자신의 내면 소리에 귀를 기울이며 전혀 다른 눈으로 세상을 바라보고, 인생에서 무엇이 정말 소중하고, 귀한 것인가에 대하여 근원적인 깨달음을 얻게 된다는 이야기이다.

「아담을 기다리며」책의 부제는 '태어남과 다시 태어남, 그리고 일상
의 신비에 관한 이야기:A True Story of Birth, Rebirth, and Everyday
Magic'이다. 이 책은 아담이라는 다운증후군 아기를 임신하고 기르는
과정을 통해 삶의 신비를 깨닫고 성숙한 인간으로 재탄생Rebirth되는 내
용을 담고 있다. 여기서 재탄생이란 기독교에서 말하는 '거듭남'이라 할
수 있는데 지금까지 겉모양으로만 세상을 보고 판단하던 눈이 신비의
세계로 옮겨감을 뜻한다. 무지의 세계에서 지혜의 세계로 나아가는 것
이며, 나를 지배하던 돈, 권력, 이기심에서 벗어나고 해방되는 것이다.
베크 부부는 고통을 준다고 생각했던 다운증후군 아담을 통해 하버드
출신이라는 보장된 사회적 지위와 경제적 여유, 남보다 앞서가고 뛰어
난 사람이 되려는 욕망을 버리고 행복과 평화와 신비의 삶이 무엇인지
를 배웠다고 말한다. 특히 아담이 일곱 살 되었을 때의 크리스마스 선
물 일화는 우리들에게 '행복'에 대해 다시 생각하게 한다. 아담의 누나
와 여동생은 원하는 크리스마스 선물을 받고도 사소한 이유로 불평을
하지만 아담은 진짜 선물인 장난감 총을 뜯어보기도 전에 장난감 총과
함께 있는 건전지를 보고도 기뻐한다. 온 집안을 뛰어다니며 건전지로
움직일 수 있는 모든 물건에 건전지를 넣어 작동시키며 즐거워하는 모
습에 참 행복의 의미를 깨닫게 한다.

이 세상에 태어나는 아기들 가운데 그 부모들에게 '특별하지' 않은
아이는 없다. 또한 아이들의 존재 자체는 예외 없이 경이롭고 신비롭
다. 장애를 가진 아이라 할지라도 예외는 아니며 똑같은 하나의 인간이
며 하나님의 자녀이다. 그러나 우리는 편견과 잘못된 생각을 가지고 차

별하지만 하나님은 공평하신 분이다. 그러기에 정상적인 사람들이 가지지 못한 특별한 재능과 달란트를 장애를 가진 이들은 가지고 있다. 그래서 장애를 가진 어떤 이는 이렇게 노래한다.

나, 가진 재물 없으나 나, 남이 가진 지식 없으나
나, 남에게 있는 건강 있지 않으나 나, 남이 없는 것 있으니

나, 남이 못 본 것을 보았고 나, 남이 듣지 못한 음성 들었고
나, 남이 받지 못한 사랑 받았고 나, 남이 모르는 것 깨달았네.

공평하신 하나님이 나 남이 가진 것 나 없지만
공평하신 하나님이 나 남이 없는 것 갖게 하셨네.

엄마의 엄마가 되고 싶은 아이나 아담의 이야기는 이 지상의 모든 아이들과 그 부모들에 관한 보편적인 이야기라고 할 수 있다. 세상의 모든 아이들이 그 존재 자체만으로도 차별 없이 존귀하고 소중한 존재로 살 수 있도록 좀 더 아름다운 세상을 만들 책임이 우리 부모들에게 있다. 특별한 아이들은 부모가 감당할 수 있는 것보다 벅찰 수도 있기에 부모의 모든 것을 희생해야 할 때가 많다. 그러기에 혼자 키우려 하지 말고 또 부담을 갖지 말고 공동체의 도움을 받아야 하며, 공동체는 힘을 모아 가능한 많은 도움을 주고 귀한 선물로 여길 뿐 아니라 특별한 감사와 사랑으로 받아 들여야 한다.

이것이 예수님의 부탁이며 교회 공동체의 할 일이여 기독교인들의 일이다. 어렸을 때부터 우리 자녀들이 우리가 왜 공동체로 살아야 하는

지를 배운다면 이 세상은 조금 더 아름다워질 것이며 살 만한 세상이 될 것이다. 이 세상은 함께 더불어 사는 것이다.

---

1) 마사 베크(2005). 「아담을 기다리며」, 김태언 역, 녹색평론사. (Expecting Adam: A True Story of Birth, Rebirth, and Everyday Magic)

이상한 재판

보통 잘못한 사람은 처벌을 통해 죄에 대한 책임을 져야 한다고 사람들은 생각한다. 잘못한 사람이 처벌을 받는 것은 당연하고, 죄에 대해 확실한 처벌이 주어지면 그만큼 범죄도 줄어든다고 생각한다. 하지만 현실은 그렇지 않다. 오히려 죄를 지은 사람은 감옥에서 또 다른 범죄를 배우기도 하고 자신의 정체성을 낙인찍는 경우도 많아 그 길에서 헤어나기가 쉽지 않다. 반면에 피해자는 가해자의 처벌로 과연 그 상처와 아픔이 회복되었을까? 가해자의 처벌과 피해자의 회복 중 어느 것이 더 중요할까?

2000년대 초반부터 회복적 정의를 외치는 사람들과 단체들이 생겨났다. 회복적 정의는 깨어진 관계를 범죄로 본다면 응보적 정의는 법을 위반하는 것을 범죄로 본다. 회복적 정의는 범죄로 영향을 받은 피해자의 피해가 최대한 치유되고, 범죄로 야기된 문제들에 대한 해결책을 적극적으로 만들어가는 과정으로 피해자를 회복하고, 가해자가 자발적으로 책임을 지도록 하는 일을 당사자와 공동체가 한다. 응보적 정의는 피해자와는 관계없이 가해자 처벌과 강제적 책임수행을 처벌권자와 처벌기관이 한다. 응보적 정의와 회복적 정의의 출발점은 잘못을 바로잡고 정의를 이룬다는 목표는 같지만 잘못이나 범죄를 보는 관점이나 질문이 근본적으로 다르다. 응보적 정의는 누가 잘못했는가? 어떤 잘못을 한 것인가? 어떤 법을 위반했는가? 가해자를 어떻게 처벌할 것인가? 어느 정도로 처벌할 것인가를 묻는다면, 회복적 정의는 무슨 일이 있었는가? 누가 피해를 당했는가? 어떤 피해가 발생했는가? 피해를 회복하기 위해 무엇이 필요한가? 공동체가 해야 할 일은 무엇인가를 묻는다.[1]

남아프리카 잠비아 북구 고산지대에 위치한 바벰바Babemba 부족 사회에서는 범죄가 거의 일어나지 않는다. 이 부족이 범죄 없는 마을로 유명하게 된 비결은 무엇일까? 인류학자와 사회학자들은 이것을 연구하여 마침내 그 이유를 발견했다. 바벰바 부족사회는 공동체 생활을 방해하는 사건이나 반사회적인 범죄가 발생하면 그들만의 전통으로 특별한 재판을 한다. 재판이 열리면 부족민 모두가 생업을 중단하고 마을 한복판의 광장으로 모인다. 광장 가운데 잘못한 사람을 세우고, 부족민들은 그를 중심으로 주위를 빙 둘러싼 후 한 사람씩 돌아가며 그 사람에게 말을 건넨다. 광장에 모인 사람들 모두 다 들을 수 있는 큰 소리로 말한다. 그런데 단 한 사람도 폭언이나 비난의 부정적인 말을 하지 않고 오히려 그 사람에 대한 고마움과 감사하는 좋은 기억을 소환해서 모두 감사와 칭찬의 말을 전한다.

"반갑게 인사해 줘서 고마워요"
"지난번 마을에 일손이 필요했을 때 적극적으로 도와줘서 고마워요"
"내가 없을 때 아이들과 놀아줘서 고마워요"
"당신은 마음이 따뜻한 사람이었어요."
"너는 처음부터 나쁜 사람은 아니었어."

"작년에 우리 집 대문을 고쳐줬지! 정말 고마웠어!"

"난 너를 어렸을 때부터 아는데 넌 원래 착했단다."

어린아이까지 빠짐없이 말한다. 과장이나 농담은 하지 않고 심각하고 진지하게 말한다. 몇 시간이든 며칠이든 칭찬의 말은 진정한 참회가 이루어질 때까지 계속된다. 계속되는 감사와 칭찬 세례에 죄를 지은 사람이 마침내 울음을 터뜨리고 잘못을 뉘우치면 부족민들이 다가가 안아주고 위로와 용서를 하는 것으로 재판은 끝난다.[2]

그때부터 축제가 벌어진다. 죄를 지은 사람이 새 사람으로 태어났다는 기쁨의 축제이다. 그러나 이런 축제를 구경하기란 하늘의 별따기이다. 바벰바 부족에게 범죄는 거의 일어나지 않기 때문에 이런 축제를 할 이유가 없기 때문이다. 바벰바 부족 사람들은 비난과 처벌보다 먼저 감사와 칭찬의 말로 시작한다. 죄 짓고 위축되었던 사람의 마음을 회복시켜 다시 가족과 공동체의 품으로 돌아오게 한다. 범죄자이기 이전에 가족의 한사람이었고 공동체의 한 사람이었다. 범죄자가 공동체 안에서 어떻게 어울려 함께 했는지 알게 될 때 이웃의 사랑과 관심에 보답하는 생활을 하겠다는 마음을 새롭게 한다. 양심을 일깨우고 어긋난 관계를 회복시키는 바벰바 부족의 지혜롭고 아름다운 이상 전통의 재판은 감사와 칭찬의 힘이 얼마나 강한 것인지 보여준다.

차가운 겨울에 따뜻한 햇살을 등에 지고 걸어가듯 마음이 따뜻해지는 이야기이다. 내가 저지른 죄를 비난받고 정죄받기보다는, 대단한 선행이나 장점은 아닐지라도 작은 것들을 칭찬하고 격려해주는 사람들의 목소리가 귀에 오랫동안 남을 것 같다. 다시 시작할 수 있고 또 무너진 자신을 지탱해 줄 수 있는 가족과 공동체의 칭찬과 격려를 생각하면 마음에서 뜨겁게 눈물이 솟아오를 것이다.

이런 일들은 규모가 작고 서로가 서로를 잘 알고 있는 공동체에서만 가능할까? 반드시 그렇지 않다. 세계 최초의 회복적 정의 실험으로 알려진 엘마이라 사건이 좋은 사례이다. 1974년 어느 날 밤 17세와 18세 두 소년이 '엘마이라'에서 술을 먹고 난동을 부려 22가정이 피해를 입은 사건이다. 두 소년 중 러스 켈리는 버튼을 누르면 날이 튀어나오는 칼을 가졌고, 다른 소년은 날카로운 부엌칼을 들었다. 그들은 승용차 24대의 타이어를 터뜨렸고, 자동차 좌석을 칼로 찢었으며, 차의 냉각기를 부쉈다. 돌을 던져 가정집의 커다란 유리창을 깼고, 지역의 맥주가게 창문들도 깨버렸다. 보트를 길거리로 끌고 와 구멍을 내고 뒤집어 놓았다. 전망대를 망가뜨리고, 교차로에 있는 신호등을 박살냈으며, 교회에 세워진 십자가를 꺾어 놓았다. 승용차의 사이드 미러와 앞 유리를 맥주병으로 내리쳤다. 정원 탁자를 연못에 빠트렸고, 울타리를 망가뜨렸다. 모두 합해 스물두 가정의 재산에 피해를 주었다. 이 모든 일이 새벽 3시에서 5시 두 시간 동안 벌어졌다. 다음 날 아침 경찰에 체포된 두 소년은 결국 법의 심판을 받게 되었다.

그런데 당시 메노나이트 중앙위원회 자원봉사자였고 보호관찰관이던 마크 얀치Mark Yantzi와 데이브 워스Dave Worth는 두 소년을 조사한 후 판사에게 개인적인 의견을 보냈다. "소년들이 피해자들을 직접 만나 자신들이 일으킨 일의 결과를 보게 하는 것이 자신들의 행동을 책임지고 피해 입힌 것을 바로잡을 수 있게 하는 것이라고 생각을 한다." 고든

매코넬Gordon McConnell 판사는 법적으로 전례가 없는 이 아이디어를 허가했고,[3] 두 소년은 집집마다 찾아가 피해자들을 직접 만났다. 어떤 피해자들은 용서를 해주기도 했지만 다른 피해자들은 소년들이 적절한 처벌을 받길 원했다. 청소년들은 피해자들의 피해 사실을 직접 듣고 진심어린 사과를 하는 한편, 피해자들의 요구사항을 듣고 피해 회복을 위해 직접 실천하기로 결정했다. 가해 청소년들이 마을에 직접 찾아와 노동을 하고 피해복구를 위한 노력을 하면서 피해자들의 피해의식이 점점 사라지는 변화가 찾아오고, 가해자들은 두 달여 간의 피해복구 기간을 통해 마을 사람들과 대화를 할 수 있었고 자신들의 미래의 삶을 새롭게 설계하면서 대학을 가겠다는 마음을 갖게 되었다. 실제로 두 소년들은 이후 삶을 다르게 선택할 수 있는 계기를 마련하였다. 그 중에 한 명인 러스 켈리는 나중에 학자가 되어 「From Scoundrel To Scholar」, '건달에서 학자로'라는 책을 출판했다.[4]

이 사건 이후, 1976년부터 캐나다 온타리오 주에서는 최초 법원에서 공식적인 '피해자-가해자 화해 프로그램VORP'이 진행되었고, 1978년부터는 미국 최초 '피해자-가해자 대화모임'이 진행되었다. 이렇게 엘마이라 사건으로 인해 회복적 정의 운동이 탄생하였다.

아무리 작은 사회나 공동체라도 응보적 정의만을 당연시한다면 이런 변화는 일어나지 않을 것이다. 죄를 지었다면 그에 맞는 마땅한 처벌을 받아야 한다는 생각, 법으로 질서가 유지된다는 생각, 눈에는 눈, 이에는 이로 응보 한다는 생각 등 모두 맞다. 그러나 '잘못하면 벌 받는다'는 응보적 정의만으로는 세상을 보다 안전하고 평화로운 세상을 만들어 낼 수는 없다.

자녀가 잘못을 저지르게 되거나 학생이 범죄를 저지르게 될 때 그들이 뜻밖의 따뜻한 말을 듣게 되거나 또는 본인도 모르고 있던 일을 들춰내어 위로하고 격려하고 칭찬하는 말을 듣게 된다면 그들은 분명히 새로운 변화를 경험하게 될 것이다. 우리의 가정에서, 학교에서, 교회에서, 기업에서, 있는 그 자리에서 하나님의 사랑을 가지고 잘못을 보는 관점을 바꾸고, 잘못을 다루는 태도나 방식을 바꾸게 된다면 그로 인해 사람이 변화되고, 세상이 변화되는 기적을 보게 될 것이다.

무엇보다도 서로 뜨겁게 사랑할지니 사랑은 허다한 죄를 덮는다 벧전 4:8

---

1) 이재영(2020). 회복적 정의: 세상을 치유하다, 피스빌딩. 244.
2) 곽동언(2020). 감사합니다. 나무한그루, 4-5 참고.
3) 출처: https://steinerinstitute.tistory.com/entry 러스 켈리, 이것은 나의 이야기, 나의 삶.
4) Russ Kelly(2006). From Scoundrel To Scholar. self-published
   참고: 마릴리 피터스(2018). 십대의 손으로 정의로운 사회 만들기, 우리교육 펴냄,

진실의 순간

주말 사역을 위해 서울과 대전을 오가는 아들이 월요일 아침, 서울 가는 버스표를 학교 기숙사 책상 위에 놓고 왔다는 것을 알았다. 미리 예매해 놓은 자리여서 영수증을 보여주면 되겠다는 희망으로 평소보다 일찍 고속버스 승차장으로 갔다. 담당자에게 이러저러하여 버스표는 없고 영수증만 가지고 있다는 사정을 이야기하였다. 그러나 단 1초의 생각도 망설임도 없이 버스표를 새로 구입해야 한다는 답변뿐이었다. 표를 다시 구입하여 서울을 향하는 아들의 뒷모습을 보며 스칸디나비아 항공사 한 여직원의 고객 서비스 이야기가 떠올랐다.

미국의 사업가 루디 피터슨이 스톡홀름의 그랜드 호텔에 묵고 있던 어느 날, 동료와 함께 스칸디나비아 항공편으로 코펜하겐에 가기 위해 호텔에서 알란타 공항으로 출발하였다. 여행일정은 하루였으나 사업상 중요한 회의였는데 공항에 도착했을 때 항공권을 호텔에 두고 온 것을 알게 되었다. 항공권이 없으면 비행기를 탈 수 없었기에 피터슨은 비행기 탑승은 물론 코펜하겐에서의 회의 참석도 단념해야 했다. 그러나 혹시나 하는 마음으로 항공사의 담당자에게 사정을 설명했더니 뜻밖에도 기쁜 반응이 나타났다.

"걱정하지 마십시오. 피터슨 씨, 탑승하실 수 있도록 임시 항공권을 준비해 드리겠습니다. 그랜드 호텔 방 번호와 코펜하겐의 연락처만 가르쳐 주시면 나머지 일은 우리가 처리하겠습니다."

담당자는 밝은 미소를 띠며 말했다. 피터슨이 대합실에서 기다리고 있는 동안 담당자는 호텔에 전화를 걸어 종업원에게 부탁하여 그의 방 책상 위에 있는 항공권을 찾아냈고, 항공회사의 자동차를 호텔에 보내어 코펜하겐 편이 출발하기 전에 항공권을 가져오도록 신속한 조취를 취했다.

"피터슨 씨, 항공권이 여기 있습니다."

여직원이 항공권을 건네며 부드럽게 말할 때 피터슨은 그저 놀랄 뿐이었다. 만일 이런 상황을 다른 항공사였다면 어떻게 처리했을까? 모든 항공사의 업무규정에는 '항공권이 없이는 탑승할 수 없다'고 규정되어 있다. 항공사 담당자들은 기껏해야 자신의 상사에게 이러한 사태를 보고하는데 그칠 것이며 피터슨을 탑승시키는 일은 아마도 없었을 것이다. 그런데 스칸디나비아 항공사의 담당자는 일을 처리해서 피터슨이 회의에 참석할 수 있도록 하였고 고객 서비스에 큰 감동을 주었다.

스칸디나비아 항공사SAS의 사장 얀 칼슨Jan Calzon은 1970년대 말 오일쇼크로 2년 연속 적자를 기록한 이 회사에 1981년 39세의 젊은 나이에 사장에 취임하였고 1987년에 '진실의 순간'이라는 책을 출판하였다. '진실의 순간' 개념을 항공사 경영에 도입한 얀 칼슨은 연 800만 달러 적자에 허덕이던 SAS를 불과 1년 만에 7,100만 달러 흑자로 반전시켰다. 얀 칼슨은 직원들이 고객을 만나는 순간의 응대 태도가 기업의 이미지, 나아가 사업의 성패를 가른다고 말하며 고객을 순간에 만족시키기 위한 경영 전략의 중요성을 다음과 같이 강조했다.

> "스칸디나비아 항공SAS에서는 1년에 약 1천만 명의 고객이 각자 5
> 명의 SAS 직원과 접촉하며, 매 접촉 시간은 15초 정도이다. 그래서
> SAS의 이미지는 1년에 5천만 번, 한 번에 15초씩 고객의 마음에 새
> 겨지게 된다. 이 5천만 번의 '진실의 순간'이 SAS라는 기업의 성공과
> 실패를 결정적으로 좌우하는 순간이다. 우리는 이 매 순간들에 SAS
> 가 최고의 선택 대상임을 증명하여야 한다."

이처럼 비즈니스에는 '진실의 순간 Moment of Truth, MOT'이라는 것이
있다. 진실의 순간은 스페인어 'Moment De La Verdad'를 영어로 옮긴
것인데 투우 경기에서 소와 사람 중 어느 하나가 죽게 되는 결정적 순
간이다. 스페인의 마케팅 학자 리차드 노먼R. Norman이 서비스 품질관리
에서 '진실의 순간'이라는 용어를 처음 사용하였지만, 이 개념을 도입하
여 성공을 거둔 사람은 스칸디나비아 항공사SAS의 사장 얀 칼슨이다.
고객을 만나는 순간순간이 진실의 순간이며 어느 한 부분에서만이라도
고객을 불편하게 만들면 고객 감동은 없어진다는 것이다.

지금 비즈니스 사회에서는 경쟁 기업 간 기술의 차이나 품질의 차
이는 점점 더 좁혀지고 고객을 직접 접하는 직원들의 친절한 서비스
가 핵심 경쟁 우위의 원천으로 부상하고 있다. 그래서 고객 감동의 시
대를 넘어 이제는 고객 졸도의 시대라는 말까지 나왔다. 고객서비스에
'100x0=0, 100-1=0'이라는 공식이 있는데 이는 고객이 여러 번의 결정
적 순간에서 단 한명에게 0점의 서비스를 받는다면 모든 서비스는 0이
된다는 것이다. 또 100명의 고객을 만족시킨다 하더라도 한 명의 고객

을 불편하게 만들면 그 고객은 떠나버린다는 것이다. 고객을 만나는 접점에 있는 한 사람 한 사람의 역할이 얼마나 중요한가를 단적으로 보여주는 공식이다.

대부분의 사람들에게 기업은 그저 '이윤만을 추구하는 이기적인 집단'으로만 정의 내려지고 있다. 왜 이렇게 기업의 이미지는 추락하고 있을까? '신뢰'가 없기 때문이다. 신뢰는 기업의 기본 이념이 되어야 하며 그렇게 되어야 소비자와 기업 구성원에게도 믿음을 주게 되어 더 큰 기업으로서의 역할을 할 수 있다. 또한 대부분의 소비자는 '질Quality'로만 제품을 선택 하지 않고 그 제품을 통해 얻을 수 있는 이미지와 도덕성을 가지고 싶어 한다. 기업의 고급 이미지나 제품과 서비스를 통해 사회 전반에 기여를 할 수 있다는 의미까지 구입하고 공유하길 원한다. 과거 '나이키'는 미성년자를 고용하고 임금까지 체불한 기업에서 아웃소싱을 했다는 사실이 밝혀지자 판매에 엄청난 타격으로 기업의 금전적 손해뿐 아니라 향후 나이키의 미래 방향에도 큰 장애가 되었다. 한국의 대기업들도 '도덕 경영'과 '인간 경영'등의 모토를 내걸고 예전과는 다르게 경영의 사회적인 역할과 도덕성을 강조하고 있다.

우리는 삶에서 '진실의 순간'을 일상적으로 경험하며 살고 있다. 4차 산업혁명시대에서 디지털 기술과 과학기술이 발달하면 할수록 더욱 더 인간적이고 진정성 있는 마음을 원하게 된다. 마음을 얻는 것이 사람을 얻는 것이다. 특히 대학 교육현장에서 배울 수 있는 것들은 인터넷을 검색하면 교수강의보다 더 멋지고 귀에 쏙쏙 재미있게 흘러 들어온다. 또 절대적으로 학생 수가 감소하기에 교육계에서도 진실의 순간이 필요한 것은 예외가 아니다. 지방 대학교수들은 잡상인 취급을 받으며 고등학교를 찾아가 학생들을 모시러 다니기에 바빴었다. 각 대학들은 학생들을 자기 학교에 입학시키기 위해 각종 이벤트와 MT를 준비하고 예쁘고 잘 생긴 학생들을 홍보대사로 전면에 내세우며 각종 자랑거리와 좋은 것들을 보여주고 최상의 서비스를 제공한다. 물론 이것이 전부는 아니다. 문의 전화 응대, 학교 안내자 태도, 약속 시간 준수, 교수와 직원, 선배, 학교 환경과 분위기 등에서 학생들은 다양한 진실의 순간을 긍정적이든 부정적이든 경험하게 한다. 학교의 관련 부서를 찾지 못해 길을 물었을 때 불친절한 직원이나 학생, 교수들 때문에 불쾌한 감정을 가지는가 하면, 기대하지 않고 찾아갔는데 마음을 다해 진실하게 대해 주는 분들 때문에 감동을 받는 경우도 있다. 그래서 학교든 기업이든 그 이미지를 결정하는 '진실의 순간'에서 가장 중요한 역할을 하는 사람들은 총장이나 최고경영자가 아니라 오히려 학생들과 직접 접촉하는 교수들과 직원들이며 서비스 담당자들이다.

교육의 현장에 있는 교사들도 진실의 순간으로 학생을 감동시켜야 한다. 학생들을 만나는 교육현장에서 내가 무엇으로 그들을 도울 수 있으며, 그들이 가장 필요로 하는 것이 무엇이며, 학생들은 무엇을 알기를 원하는가에 대해 끊임없이 연구하고, 마음을 다하여 학생들에게 경의와 신뢰의 진실한 모범을 보여 주어야 한다. 학생의 필요에 즉각적으로 민감하게 반응할 수 있는 교사, 학생을 만족시킬 수 있는 교사가 되어야 진실의 순간에 대면할 수 있다. 상부에서 만들어진 지식이나 틀에 짜인 교육과정에만 의지해서는 안 된다. 학생들은 내가 가르치는 대로 배우는 것이 아니라 그들이 배우고자 하는 것을 배울 뿐 아니라, 그들이 배운 만큼 내가 가르친 것이며 따뜻하게 자신을 대해 주는 교사에게서 배운다. 또 교사는 교사의 권위를 가지고 학생들을 가르치되 섬기는 마음으로 자신의 역량을 강화하는 것이 필요한 시대이다. 교사는 학생과 상호작용하며 순발력 있는 교육시스템도 갖추어야 하지만 무엇보다 중요한 것은 학생들에게 매 순간 진실함과 정직함으로 다가가야 한다. 물질주의와 황금만능주의와 허영과 거짓이 판치는 세상에서 대안적 삶을 살도록 복음을 가르치는 교회학교 교사와 부모는 모든 사람을 하나님 사랑하듯이 사랑하며 살도록 훈련해야 한다. 더욱이 세상에서 자신의 뜨거운 고백과 열정을 자녀와 학생들에게 진실하고 정직하게 전달하도록 노력해야 한다. 결국 최고의 교사는 열정과 진실함으로 학생의 마음을 하나님에게로 향하게 하는 사람일 것이다.

자녀들아 우리가 말과 혀로만 사랑하지 말고 행함과 진실함으로 하
자 요한1서 3:18

미리 갚아요!

    교육자로서 가장 행복한 때는 언제일까? 사람이 행복하다고 느끼는 것은 그리 큰 것에 의해 느끼는 감정이 아니다. 한 학기가 종강되고, 한 해가 저물어가는 12월의 어느 날에 나는 평소와 다름없이 학교에 출근하여 이메일부터 열었다. 메일 목록 중에 '김난예 교수님께. 안녕하세요. 교수님 ....'이 있었다. 학생들이 이러저러해서 레포트를 제출하지 못했으니 선처해 달라, 국가장학금을 타야하니 성적을 잘 달라, 시험을 제시간에 치르지 못했으니 다른 시간에 보게 해 달라 등등... 학기 말에 가끔 받게 되는 학생들의 요구가 담긴 메일 중 하나로 생각하고 이메일을 열었다. "교수님. 안녕하세요. 03학번 00입니다."라는 문구가 눈에 들어왔다. 03학번? 그럼 17년 전 졸업생이 무슨 일로 나에게 메일을 했을까? 의아한 마음으로 글을 읽어 내려갔다.

> 교수님. 안녕하세요. 03학번 000입니다. 기억하실지 모르겠어요. 우연히 자료를 찾다가 교수님께서 최근에 쓰신 아나뱁티스트 관련 논문들을 보게 되었는데요. 너무 반가운 나머지 저도 모르게 그만 메일을 덜컥 열어버렸습니다. 긴 시간 전하지 못한 감사와 안부의 인사도 드리고 싶었고요. 저에 대한 기억이 흐릿하실거라 생각하지만 그럼에도 용기내어 편지를 써보려 합니다^^;;

2006년 여름 즈음의 어느 날 교수님께 칭찬을 받은 이후로 저는 계속 공부 중입니다. 그날의 기억이 너무 좋았던지 칭찬을 받은 내용도 기억이 나네요. 그날은 인간 본성에 대한 환경의 영향력을 다루는 시간이었는데요. 저는 다른 동료들보다 환경의 영향력, 지금 제가 사용하는 언어로는 사회의 외재/제약성에 대해 보다 강하게 주장을 했었는데요. 그때 교수님께서 제 논점이 좋다고 칭찬을 해주셨습니다. 너무나도 공개적인 칭찬이었기 때문에 이후에 다른 동료들이 그 칭찬을 은근히 부러워하면서 "쳇, 000 뭔데~"라는 식으로 대했던 기억이 납니다.

교수님께 받았던 칭찬의 기운은 이후로도 2000년대 중후반 교수님께서 잠시 학교를 비우신 동안에도 좋은 기반이 되어 학부 시절 내내 제게 새로운 공부의 계기를 창발시켜 주었습니다. 물론 교수님이 안 계신 교정은 조금 많이 슬프고 쓸쓸했습니다. 그 즈음 '기독교'라는 것 자체에 대한 물음들도 함께 커져 갔습니다. 뭔가 그 말이 어느새 텅 비어 있다는 느낌을 받았거든요. 교회에서도 학교에서도 그 말은 발에 치일만큼 가까웠고, 제 주변 사람들 모두 그 개념을 밥 먹는 것보다 더 많이 사용하는데, 실상 그 말의 의미를 충분히 이해했다고 보이지는 않았거든요.

의문은 연쇄적으로 미끄러졌고, 기독교적인 것, 침례교적인 것… 등등 고민에 고민이 쌓여갔고, 저는 당시에 주변 동료들에게 다음의 질문들을 열심히 던지고 다녔습니다. "기독교가 뭘까? 기독교인은 어떻게 살아야 할까? 예수처럼 사는 건 뭐지?"

물론 돌아오는 대답은 "예수처럼 착하게 섬기고 희생하면서 사는 것…" 정도였고요.

그러던 중 우연히 존 하워드 요더의 예수의 정치학과 헤럴드 벤더의

The Anabaptist Vision을 접하게 되었고, 이후로 걷잡을 수 없이 빠져들어가게 되었습니다. 그리고 어쩌면 그제서야 '기독교적인 것'의 의미를 발견했던 것 같습니다.

이후에 여러 고민을 거쳐서 신대원 시험의 합격증을 부모님께 보여드린 뒤, 지금의 학교인 성공회대 대학원에서 사회학을 전공하게 되었습니다. 현재는 성공회대 사회과학연구소에 연구원으로 있으면서, 가톨릭대학에서 교육사회학을 가르치고 있습니다.

말이 너무 길어 죄송합니다. 교수님! 제자의 갑작스러우며 주책과 두서까지 없는 긴 이야기 읽어주셔서 감사드립니다. 교수님의 건강과 행복을 기원하며, 주님의 이름으로 잠시 인사드립니다.

03학번 00올림 - 보고 싶습니다. 교수님 -

편지를 읽어내려 가는 짧은 시간 동안 행복한 마음으로 가득 차 있음을 느꼈고, 00이 앉았던 교실의 책상과 그때의 학생들이 주마등처럼 떠올랐다. 그리고 "보고 싶습니다. 교수님" 이라는 글자에 마음에 있던 눈물이 왈칵 솟아올랐다. 따뜻한 제자들의 얼굴이 떠올라 지그시 두 눈을 감고 그 시절의 아름다움을 생각하며 잠시 행복감에 젖어들었다. 솔직히 내가 00에게 어떻게 말했는지 정확하게 기억나지 않지만 00의 얼굴과 이미지는 또렷하게 내 눈앞에 나타났다. 교수로서 학생을 격려하고 그들의 의견을 존중하는 일이 당연함에도 불구하고 교육의 현장에서는 무시되는 일이 종종 있다. 긴 시간이 지난 후 돌이켜 생각해 보니 더 칭찬하지 못했고 더 존중하지 못했고 더 많이 대화하지 못한 것들이 아쉬움으로 남는다. 사람에게는 누구나 인정받고 싶은 욕구가 있으며 이런 욕구는 삶의 방향을 안내해 주는 역할을 한다는 것을 알면서도 더 많이 해 주지 못한 것이 미안하다.

교육과 종교의 궁극적인 목적은 행복이다. 우리는 어떻게 나의 행복을 누릴 수 있으며 다른 사람의 행복감을 높여줄 수 있을까? 인간관계의 왕이라 할 수 있는 데일 카네기Dale Carnegie는 이 세상의 행복수치를 아주 쉽게 증가시킬 수 있다고 말한 적이 있다. 외롭거나 용기를 잃은 누군가에게 진심으로 존중하는 몇 마디의 말을 건네는 것, 그것으로 충분하다고 한다. 오늘 나는 누군가에게 무심코 건넨 친절한 말을 내일이면 잊어버릴지도 모르지만, 그 말을 들은 사람은 일생 동안 그것을 소중하게 기억할 것이고 삶의 어려운 계곡에서도 그것을 떠올리며 희망을 생각할 것이다.

사실 이 세상을 행복하게 바꾸는 것 또는 다른 사람의 마음을 사는 일이 꼭 그렇게 거창하고 어려운 일이 아니다. 거짓 없는 마음으로 다른 사람을 존중하고 남을 배려하는 것, 그것을 실천하는 작은 노력들만으로도 이 세상은 살기 좋은 곳, 행복한 세상으로 바뀐다. 우리가 아름다운 세상을 만들려고 한다면 캐서린 하이드 'pay forward미리 갚아요'를 생각해 보는 것도 좋다.

어느 날 캐서린 하이드가 몰고 가는 트럭에 불이 났다. 하이드는 갑자기 일어난 일에 어찌 할 바를 몰라 당황하여 우왕좌왕하고 있을 때 어디선가 건강한 남자 2명이 도와주려고 뛰어 왔다. 당황한 하이드는 본능적으로 그들이 자신을 헤치려는 줄 알고 오지 말라고 소리친다. 두 남자는 위험을 무릅쓰고 불을 꺼 주었고, 그녀가 상황을 파악했을 때는 이미 그들이 가버린 뒤였다. 결국 그녀는 감사하다는 말조차 제대로 하지 못했고 그 일을 생각할 때마다 죄의식을 느꼈다. 생각 끝에 그녀는 은혜를 미리 갚기로 마음먹고 모르는 사람들에게 작은 친절과 도움을 베풀었으며, 이를 「미리 갚아요」라는 소설로 썼다. 이 소설을 바탕으로 2000년 미국의 미미 레더 감독은 「아름다운 세상을 위하여」라는 영화로 우리가 어떻게 이 세상을 아름답게 바꾸어 나갈 것인가에 대한 예를 보여준다.

알린 맥킨니는 남편 없이 아들을 키우며 밤낮으로 두 가지 직장에 다니며 어렵고 힘들게 살지만 아들을 사랑하며 이해하려고 노력한다. 하지만 그녀는 부모와의 의절, 실패한 결혼생활, 알코올 중독의 문제들로 자꾸 지쳐간다. 아들에게는 자신과 같은 삶을 물려주지 않으려고 노력하지만 바쁘게 생활하는 동안 아들과 대화의 벽이 생기고 점점 멀어진다. 중학교 1학년 아들 트레버의 새 학기가 시작되면서 사회 선생님은 일 년 동안 수행할 숙제로 우리가 사는 세상을 좀 더 나은 세상으로 바꿀 수 있는 방법을 생각해 오라고 한다. 반 친구들은 하나의 숙제라고 가볍게 생각하지만, 트레버는 숙제에 대해 깊이 생각하고 선생님께 '사랑 나누기' 라는 아이디어를 제안한다. 사랑 나누기란 세상을 바꾸기 위해서 3명에게 무언가 도움이 되는 일을 해주되 어떻게 은혜를 갚으면 되냐고 물어보면, "Pay it forward!" 즉, 도움을 받은 사람에게 돌려주지 말고 도움을 필요로 하는 다른 누군가를 도와주라는 제안이다. 트레버가 3명에게 도움을 주면 그 3명의 사람은 각각 3명씩 총 9명의 사람에게 도움을 주는 것이고, 그 9명은 다시 27명의 사람에게... 이렇게 도움을 받는 사람이 점점 늘어나면 언젠가는 모든 사람들이 서로에게 도움을 주고받을 수 있어서 Pay it forward를 실천하게 된다는 것이다.

트레버는 숙제에서 생각으로, 생각에서 삶의 실천으로 진지하게 실행한다. 그러나 11살 소년의 순수한 의지는 여러 가지 어려움을 겪는다. 그가 도와준 부랑자는 다시 마약을 하여 그를 실망시켰고, 따돌림과 집단폭행을 막으려다 결국 이웃을 위해 자기 목숨을 내어놓게 된다. 그날 밤 사랑나누기를 시작한 작은 천사들은 하나 둘씩 트레버 집으로 촛불을 밝히며 모여든다.

지금은 희미하게 보이지만 아름다운 세상을 위하여 사랑을 나눌 때에는 조급해 하거나 실망하거나 단념해서는 안 된다. 끝이 없어 보이는 그 길에서 우리가 할 수 있는 최대한 많은 사람과 사랑을 나누며 돕는다면 그 중에 누군가는 그 사랑을 이어갈 수 있다. 누구에게나 진정으로 도움이 되는 일을 해주고 이를 돌려받는 것이 아니라 더 많은 사람에게 전달하려는 마음을 갖는다면 언젠가는 온 세상 사람들이 서로에게 도움을 주고받게 될 것이다. 이것이 예수님의 마음이다.

아름다운 이 사회에서 살고 싶다는 마음을 갖도록 이 사회를 아름답게 변화시키기 위해 나는 오늘 무엇을 해야 할까? 데일 카네기의 말처럼 너무 어렵다고 생각하지 말자. 예수님은 아주 작은 자에게 베푼 것을 기억하신다. 우리 모두는 이 사회 공동체의 한 일원으로서 마약·알코올 중독·폭력·자살·속임수·기만·거짓·음행·절망 등으로 얼룩지고 일그러진 어두운 사회를 아름답게 건설해가기 위해 우리가 할 수 있는 일을 생각하고 행동으로 옮겨야 할 책임과 의무가 있다. 트레버처럼 돌려받을 생각을 하지 않고 나의 도움을 필요로 하는 이웃을 도와주고 사랑을 나눌 때 행복하고 세상은 아름다워진다.

고대 이집트 사람들은 영혼이 하늘에 가면 신이 두 가지 질문을 한다고 한다.

"당신은 인생에서 기쁨을 찾았는가?",

"당신의 인생이 다른 사람들을 기쁘게 해주었는가?"

하나님의 나라는 먹는 것과 마시는 것이 아니요 오직 성령 안에 있는 의와 평강과 희락이라 이로써 그리스도를 섬기는 자는 하나님을 기쁘시게 하며 사람에게도 칭찬을 받느니라로마서 14장 17-18절

2부

■

행복한 오늘

하나님나라를 위한 기독교교육:
김난예의 기독교교육론에 대한 관찰

박경주 기독교교육학과 03학번

오산침례교회 유·초등부(궐동) 부장교사
유순무씨의 아들
난민인권활동가 미도리(綠)씨의 배우자
성공회대 사회과학연구소 연구원
가톨릭대 강사 등으로 활동 중
전공은 소수자연구 및 교육사회학

들어가며

제목은 거창하고 지면은 야속합니다. 이것이 현재 제가 놓인 위치성입니다. 한정적인 성과와 글의 실패는 이미 정해진 것 같습니다. 글 앞에서의 고쳐지지 않는 방어기제인지 변명인지 모르겠으나, 저는 서론의 공간을 머뭇거리며 잠시 '실패의 윤리'를 생각해보았습니다. 그리고 '더 나은 실패를 위한 실패-되기'가 현재로서는 도달 가능한 최적의 답 같았습니다.

이글은 우선 저를 위해 쓰였습니다. 선생님의 글과 고민들이 지나온 걸음의 풍경들을 오롯이 바라보고 싶었기 때문입니다. 이것이 부족하지만 지금의 제가 선생님께 드릴 수 있는 감사와 존경의 표현이라고 생각했습니다. 또한 이글은 선생님께 기독교교육을 배웠던 선후배 및 동료들을 향해 쓰여 졌습니다. 주제넘은 일이겠지만 선생님의 길을 나눔으로써 지금 우리의 길을 함께 고민하며 돌아보고 싶었습니다. 관련하여 이글의 목표는 선생님의 기독교교육론 전반을 관찰함으로써 누군가의 후속 2차 관찰을 촉발하는 것입니다 상술한 '실패'는 '관찰'에 상응합니다.

아래의 내용들은 작년과 올해를 지나며 선생님과 주고받은 2-3통의 편지, 선생님께서 그동안 작업하신 논문 및 단행본들에 준거하여 기술되었습니다. 사회학자 니클라스 루만Niklas Luhmann에 따르면 관찰은 특정 준거를 도입하여 사물과 현상을 구별하고 지칭하는 실천을 의미합니다루만, 2012; Claudio Baraldi, Giancarlo Corsi, Elena Esposito, 2021: 158. 따라서 이 글은 선생님의 넓은 학문세계에 대한 저의 한정된 구별/지칭이라고 할 수 있습니다. 다른 분들의 2차 관찰이 필요한 이유입니다.

연구주제의 관찰

선생님께서 진행해 오신 연구의 흐름은 크게 보아 다음과 같이 정리될 수 있을 것 같습니다. 이 구분은 기본적으로는 연구가 등장한 시간 순서를 준거로 이뤄졌지만, 선생님의 연구실천 전반에 걸쳐 시간과 상관없이 교차/연결되어 나타나기도 합니다.

	연구 주제
1기	기독교아동교육의 발달이론적 정초
2기	사회와 교육담론의 변화에 대한 기독교교육의 응답
3기	기독교교육의 공동체 영성적 전회
4기	하나님나라의 확장(사회변형화)을 위한 기독교교육론의 정립

〈김난예의 기독교교육 연구주제의 흐름〉

1기는 선생님의 연구실천 초기로서 아동의 종교적 사고발달과 '영성지능', 아동에 대한 성서의 관점 등을 통해 기존의 아동 및 아동교육에 대한 이해를 확장함으로써 '기독교아동교육'을 정초하려는 시도로 지시될 수 있습니다.1 저 역시 2000년 초반 기독교교육학과 재학시절 선생님께 '기독교아동교육론'을 배웠던 기억이 납니다. 시간이 많이 지나서 자세한 내용을 구상할 수는 없지만, 어린이들의 발달단계와 고유성을 훼손하며 이뤄지는 한국의 교육문화에 대한 염려와 어린이의 세계를 쉽게 대상화하지 않는 교육태도를 강조하셨던 것으로 기억합니다. 1기에 해당하는 연구들을 살펴보면 이것은 선생님께서 매우 초기부터 갖고 계셨던 아동관 및 교육관이었던 것으로 보입니다. 피아제Jean Piaget 이론에 기초하여 어린이의 '종교적 사고발달단계'의 중요성을 언급한 종교교육학자 Ronald Goldman에 대한 학위논문김난예, 1982과 그에 기반하여 진행된 어린이가 이해하는 세계와 신, 성서, 기도, 교회 등을 주제화한 연구 및 교육실천을 통해 이것을 확인할 수 있습니다. 이 시기 선생님의 연구지향을 반영하면서도 여전히 한국교회교육에 유의미하다고 여겨지는 선생님의 글을 나누고자 합니다.

> "골드만은 종교적 사고발달이 이루어진다고 보며 발달단계에 따라 교육의 내용과 방법을 택하였다. 특히 그의 관심은 가능한 많은 것을 빨리 가르치려고 하지 않고 오직 생의 경험을 풍부하게 넓힐 수 있도록 도와주어 종교적인 시기에 스스로 자신을 결당하여 성숙한 크리스챤의 삶을 누리게 하려는 교육임을 볼 수 있다. 따라서 그의 교육방법은 창의적이고 개방적이며 마음껏 자기의 생각을 표현할 수 있고 교수방법으로 철저히 계획된 성서주제와 생활주제를 연령에 맞게 제공하였다. … 이제 한국교회도 이와 같은 골드만의 발달단계 이론

을 받아들여 주입식 교육방법으로 가능한 많은 것을 가능한 빨리 가르치려는 생각을 버리고 발달단계에 맞는 성서주제와 직접적인 경험과 관련된 생활주제를 선택하여 정서적으로 느낄 수 있도록 도와주고 이를 병용하여 사용하며 교재 또한 이에 맞게 바꾸어진다면 교육의 효과가 크리라 믿는다김난예, 1984: 100."

2기는 기독교교육학자로서 사회의 변화와 등장하는 교육담론들을 수용하며, 성찰적인 응답대화를 시도한 시기로 특정될 수 있습니다. 세계교육Global Education과 포스트모더니즘, 미래교육, 인공지능, 4차 산업혁명, 코로나19 등이 2기에서 주제화 되었습니다.2 이 시기 선생님의 방법론을 저는 피에르 부르디외가 말한 성찰적 절충주의reflexive eclecticism라고 지시하고 싶습니다. 이것은 선생님의 연구들의 경우, 사회의 변화와 보편가치를 성경적 가치관에 기반 하여 절충하는 방법으로 요약될 수 있습니다. 예를 들어 '세계교육'을 '기독교적 세계교육'으로 절충하는 방식입니다. 이 과정에서 선생님은 특별히 '시민으로서의 기독교인'을 강조하고 계십니다. 그리고 기독교적 세계교육의 구상과 같이 여기서의 시민 역시 '하나님 나라의 세계시민'3으로 절충됩니다. 즉 성경의 가치에 이미 내재해 있으나, 일국의 스케일/베스트팔렌-틀 Westphalian-frame의 한계낸시 프레이저, 2010와 특정 담론의 편향 때문에 교회들이 놓치고 있는 가치들을 보편가치들인권, 민주주의 등과의 절충을 통해 일깨우면서 교회 내로 다시 재-진입시키는 전략으로 볼 수 있습니다. 보다 큰 틀에서 선생님의 이러한 연구는 현대사회의 기독교교육에 대한 역할의 재정립을 요구하는 하나의 비상경보발터 벤야민로도 읽힙니다. 즉 사회의 변화와 보편가치들의 발전흐름을 포착하고, 이에 대한 성경 기반의 성찰적 대화를 통해 교회의 익숙함을 흔들어 보다 '교회다운 교회'를 구성하는 일에 기독교교육이 적극적으로 나서야 한다는 것입니다. 기독교 교육기관에서 종사하는 선후배 및 동료 분들은 김난예[2008a]를 참고하는 것을 권해 드립니다. 관련하여 '세계시민교육으로서의 기독교교육'에 대한 선생님의 관점 및 방향 제안들을 나누고자 합니다.

"필자는 21세기 글로벌 사회에서 청소년 세계교육의 태도 목표를 성취하기 위해 기독교 교육기관의 …… 교육이 재고해야 할 것은 …… 세계 교육적 관점에서 기독교교육을 바라보고자 하는 전제이다. 다시 말하면 자국의 이익이나 편협성을 제외한, 세계교육이 지향하는 인간은 기독교가 추구하는 인간상과 같다고 할 수 있다. 즉 기독교가 추구하는 인간상은 세계인식을 갖춘 시민으로서 세계 시민이란 공간적, 지역적으로 한정된 시민일 뿐 아니라 동시에 하나님 나라의 세계 시민이라는 것을 인식하고 책임감 있게 행동하고 참여하는 인간이다[김난예, 2008b: 26]."

"지금까지 교회교육은 지구촌 사회에서 세계시민의 한 사람으로서의 시민직 보다는 그리스도의 제자직을 강조한 면이 없지 않다. 건강한 교회교육은 제자직과 시민직이 상호연결되어 서로 보완하고 의미를 확충해 나갈 때 이루어질 수 있을 뿐 아니라 교회교육은 제자직을 넘어 시민직을 수행해야 한다[김난예, 2011]. …21세기와 미래 세계는 국경과 지역에 제한될 수 없는 문제들이 많아지기에 예수 그리스도의 제자임과 동시에 세계 시민으로서 지구적 차원의 상호의존성을 인식하고 지역 교회와 사회의 문제뿐 아니라 지구촌적인 여러 문제에 대해 관심을 가지고 협력하여 함께 해결하도록 교육하는 것, 즉 지구공동체의 구성원으로 바람직한 삶을 살아가도록 교육하는 것은 기독교인들의 중요한 관심사이다. 만일 자국중심주의가 세계시민적 문제와 충돌할 경우에는 보다 넓은 시각에서 문제를 바라보고 평화적이고 합리적으로 문제를 해결할 수 있는 능력과 태도와 기술을 갖추어야 한다. 따라서 예수그리스도의 제자로서 세계적 관점을 가지고 전 지구적 차원에서 생각하고 행동하는 세계시민의식을 갖는 것이야 말로 참된 제자직 세계시민의식이라 할 수 있다. 그러기에 21세기 교회와 기독교 가정의 부모들은 다음 세대를 위한 교육에서 제자직의 교육을 수행해야 할 뿐 아니라 시민직 교육에도 관심을 가지고 그 직무를 글로벌 사회 속에서 세상과 함께 수행해 갈 수 있는 지식과 기술, 능력 및 태도를 함양해야 한다. 다른 한편으로 21세기 기독교교육은 모든 그리스도인들이 예수 그리스도의 제자로서 이 시대의 문화를 변혁해 나갈 수 있는 능력을 갖추도록 교육해야 한다. 물론 모든 문화모델은 그 시대에 따라 차이가 있겠으나 시대적 문화를 읽고 절대적 가치이신 예수 그리스도를 중심으로 변해야 할 것과 변하지 말아야 할 것을 끊임없이 성찰하고 추구하는 자기 쇄신과 성찰의 과제를 부여안아야 할 것이다. 이는 개인적 도덕성만을 강조할 것이 아니라 온 나라와 문화 전체가 예수 그리스도의 시민으로서 지녀야 할 의무를 가르치고 배워야 한다[404-405]."

　　3기는 공동체신앙에 대한 성경적이고 경험적인 기초를 정립하고, 이것을 기독교교육에 기입^{적용}한 시기로 설명될 수 있습니다. 3기의 연구들은 제게 조금 각별합니다. 재학시절 선생님의 부재 시기, 당시 학교의 여러 '문제'들과 제 개인의 여러 고민들을 겪으며 도달한 문서들과 관련된 연구의 내용들이 자리한 시기이기 때문입니다. 이 시기 선생님은 아나뱁티스트아미쉬, 브르더호프와 퀘이커교도의 평화주의 및 공동체신앙을 집중적으로 탐구하셨습니다. 편지에서 알게 된 사실은 선생님께서 이 공동체를 직접 방문하시면서 연구들을 진행하셨다는 것입니다. 저는 3기의 연구들을 읽으며, 기독교윤리학자로서의 선생님을 만났던 것 같았습니다. 즉 연구의 당위 차원에서 이전의 연구들에서 보다 뭔가 강한 준거들을 관찰할 수 있었습니다. 물론 이것은 제 편견일 수 있습니다. 3기는 선생님의 기독교교육론에서 공동체신앙이 전면적으로 도입되는 국면이라고 생각합니다. 저는 그래서 3기를 조심스럽게 선생님의 기독교교육론의 '공동체 영성적 전회turn'라고 부르고 싶습니다.4 이전에도 공동체 혹은 함께 사는 것living together에 대한 언급이 없으셨던 것은 아니지만 이 시기의 그에 대한 강조는 이전과 좀 다르게 여겨지는 것이 사실입니다. 그것은 아마도 공동체신앙에 대한 신학적이고도 경험적인 기초를 몸소 '체험'하신 것이 크게 작용하였다고 생각합니다. 3기를 종합하는 연구는 김난예·정원범2019를 참고하실 수 있습니다. 3기에 대한 관찰을 마치며, 선생님께서 강조하신 공동체신앙의 의미를 잠시 기술하고자 합니다. 아나뱁티스트 전통에서 공동체신앙의 원형은 1세기 예수공동체이며, 이것은 곧 교회다움에 관한 논의로 이어집니다. 즉 교회다운 교회의 본질됨은 예수공동체가 그랬듯 세상에 하나님나라를 시식foretaste시키는 공간의 구성적 역할과 관련 됩니다스탠리 하우어워스. 즉 선생님은 공동체신앙의 복원 혹은 재발견을 통해 교회의 본질을 되찾자re-claiming는 제안을 하면서 교회 내외에서 기독교교육직을 맡고 있는 동료들과 제자들에게 이것을 함께 해나가자는 요청을 하고 계시다고 생각합니다.

"한국사회가 신뢰를 잃은 것은 교회 본질의 상실 때문이다. 본 연구는 한국교회 신뢰도 회복을 위한 대안으로 아나뱁티스트들의 예수 이해와 교회 이해 그리고 종말이해 신앙에 근거하여 그리스도 중심, 제자도, 형제애, 공동체, 비폭력과 무저항의 평화주의 등으로 교회의 본질을 지켜온 아나뱁티스트 공동체와 그들의 '예수 따라 살기의 삶'을 제시하고자 한다. 이러한 이해들은 교회의 본질을 회복하고 목회 패러다임을 전환하는 데 중요한 열쇠이기 때문이다. …아나뱁티스트 공동체들은 철저하게 예수 따라 살기를 강조하고, 하나님의 정의와 사랑과 평화가 구현되는 하나님 나라가 먼 미래의 일이거나 단순히 인간 내면의 일만이 아니라 지금 여기 이 땅 위에서 실제적으로 이루어지는 것임을 믿으며, 하나님 나라 구현의 삶을 살아가고 있다. 다시 말해 하나님 나라는 씀적인 것뿐만 아니라 정치, 경제, 사회적으로 실현될 것임을 강조한다는 점에서, 그리고 철저하게 사랑과 비폭력 무저항의 평화주의를 강조한다는 점에서 아나뱁티즘과 아나뱁티스트 공동체는 한국교회의 신뢰도 위기 극복을 위한 하나의 훌륭한 길잡이가 될 수 있다고 확신한다. 따라서 기독교교육은 말과 하나의 이론으로 그치는 것이 아니라 철저하게 예수 따라 사는 삶을 삶으로 모범을 보이면서 예수 그리스도가 어떤 분이며, 그분을 따라 살아가는 교회공동체가 무엇인가를 머리와 가슴과 삶으로 느낄 수 있도록 실천적이어야 한다. 또한 이 세상을 살아가면서 그리스도인으로서 겪어야 되는 어려움들을 넘어설 수 있는 철저한 예수 사랑을 경험하면서 종말론적 신앙으로 예수를 따라 살아가도록 기독교교육 지도자들과 목회자들이 모범을 보여야 한다. 목회자들과 기독교교육자들이 예수 따라 살기를 몸과 삶으로 보여주지 않는다면 한국교회의 신뢰회복은 어려울 것이라 여겨진다. 따라서 한국교회의 기독교인들이 다시 철저하게 예수 따라 살기의 삶을 살아가므로 세상의 신뢰를 회복하는

가운데 한국사회의 희망으로 거듭나기를 간절히 기대해본다.^{김난예,}
^{2019.} ”

　마지막으로 4기는 선생님의 연구들 중 가장 사회실천적인 연구시기
로 지시될 수 있을 것입니다. 이 시기 선생님은 마치 사회학자로 보입
니다. 선생님은 현대사회^{문화}의 구조적 폭력이 행위주체의 역능을 압
도하는 면들을 담담히 관찰하십니다. 하지만 선생님의 이러한 설명은
'구조주의적 결정론'과는 거리가 멉니다. 왜냐하면 선생님은 그것의 교
차된 면이자 이면인 사회의 변형화^{transformation} 가능성을 함께 논증하
고 계시기 때문입니다. 변형화가능성의 근거로 선생님은 ①성령의 힘
과 ②공동체 영성, ③인간^{자아}의 약함을 인정하는 태도로서 자기 비움
kenosis 등을 제시하십니다. 이것은 구조의 선험을 강조하면서도 행위^활
^동의 사회변형가능성을 모델링한 사회과학자 바스카^{Roy Bhaskar, 2015}의
변형적 사회활동모델^{transformational model of social activity}과 그것의 후기적
변이이자 상보전략으로 요청되었던 영성적 전회^{spiritual turn} 혹은 교육학
자 프레이리^{Paulo Freire, 2013}가 말한 비판적 의식화^{critical consciousness} 등을
연상시킵니다. 4기연구의 핵심이 되는 논문의 결론을 나누고자 합니다.
특별히 사회문화의 변형화에 대한 교회와 기독교교육의 동시대적 역할
^{책임}을 고민하시는 분들과 함께 선생님의 문장을 읽고 싶습니다.

　　“인간은 사회문화의 흐름에 저항하기 쉽지 않다는 것과 타락한 사회
　　문화에 저항하지 못했을 때의 결과들을 살펴보았다. 또 타락한 문화
　　에 저항하며 그리스도인답게 살기 위해 성령에 의한 역동적 변형화가
　　필요함도 알았다. 성령은 모든 사회문화적 차별성과 개별성을 넘어
　　역사하며 성령과의 만남은 개인과 공동체 속에서 구속적 변형을 일

으켜 사회문화의 변형화로 이끈다. 사회화로 사회문화는 유지되지만 변형화를 통해 사회는 새롭게 재형성과 재창조된다. 그러므로 지금까지 사회화된 자신의 모습을 비우고 자기 비움kenosis 위에서 성령의 변형적 역사에 참여하여 영적 삶을 활성화시켜야 한다. 성령 안에서 의미의 세계world of meaning로 나아가 구속적 변형에 참여하고 그리스도의 공동체 형성에 참여해야 한다Loder, 2020. 결국 변형화의 목적은 단지 세상을 편하고 행복하게 살기 위한 것이 아니다. 하나님의 백성이 자기 정체성을 발견함으로 기만과 파괴를 향하는 세상에 대해 중재와 중보적 사명은 물론 변형과 재창조를 감당하기 위한 것이다. 이럴 때에 세상은 하나님의 창조질서에 맞게 사람이 모든 자연 만물과 조화를 이루어 함께 더불어 행복하게 살 수 있다. 인간이 창조의 중심이 되어 자기중심성으로 세상을 개발하고 자연을 정복하였기에 이 지구 세계가 아파하고 있다. 아니 병들어서 지금은 죽어가는 마지막 신음을 하고 있다. 따라서 하나님의 창조질서에 따라 아름답게 창조된 이 세상을 우리의 다음 세대에 자자손손 물려주려면 인간의 자기중심성에서 벗어나 타인과 자연과 온 세계가 손을 맞잡고 신음에 응답해야 할 방법을 찾아 나설 때이다. 그리고 그 방법에 책임 있게 행동하는 이것이 참된 교육이 될 것이다."

　　그 외에도 선생님은 교육심리학자로서 실증경험연구와 척도의 개발을 통해 동료기독교인들의 신앙발달에 개입하셨고김난예, 2000, 기독교교육과 기독교아동교육의 분과적인 주제들에 대한 연구도 진행하셨습니다. 죽음 준비교육을 위한 태도와 기독교아동들의 이타행동교육, 공감교육, 가정교육, 교사교육 등이 이에 해당됩니다. 교회의 건강성을 측정하는 도구의 개발에 관한 연구 역시 눈에 들어옵니다.

기독교교육의 의미론

선생님께서 지금까지 비중 있게 다루어 오신 연구주제들의 핵심어들을 추려 본다면 아동, 사회변화에 대한 기독교교육의 응답, 공동체 영성, 사회의 변형 등으로 정리될 수 있을 것입니다. 그리고 짧은 시간이지만, 선생님의 연구들을 관찰한 제게 이 핵심어들은 다음과 같이 재조합되었습니다. 이것은 선생님의 기독교교육 연구에 대한 제 나름의 요약이기도 합니다. ①아동과 아동이 은유하는 사회의 다양한 소수자 및 약자들이 하나님나라의 시민적 원형이라면 ②각각의 발달과 성장의 속도를 포함한 차이를 존중하는 공동체 영성은 그러한 시민들 사이의 관계 윤리를 의미합니다. ③그리고 모든 기독교인과 교회공동체들은 나사렛 청년 예수와 그의 공동체가 그랬던 것처럼 '이미 온' 그 나라를 이 땅 가운데 살아내며, 이 땅과 '다시 올' 나라 사이의 간극과 모순 등에 적극 응답하고, ④그분의 평화와 정의가 가닿지 않은 장소들에 하나님나라의 질서를 기입함으로써 사회를 변형하는 실천에 참여해야 할 것입니다. 기독교교육은 바로 이것의 내용과 방법을 '교육적으로' 제안하고 실행하는 고유한 사회의 기능체계Functional System라고 생각합니다. 그리고 조심스럽지만, 선생님의 기독교교육론의 지향점 역시 이와 크게 다르지 않다고 생각합니다. 그래서 저는 제목에서와 같이 선생님의 기독교교육론에 '하나님나라를 위한 기독교교육'이라는 이름을 붙여보았습니다. 참고로 이것은 현재를 기준으로 가장 최근에 나온 선생님의 논문 제목을 전유한 것이기도 합니다.

관련하여 선생님께서는 최근 한 교회의 세미나자리에서 부르더호프Bruderhof 공동체의 사상을 논하며 다음과 같은 이야기를 나누셨습니다. 물론 이것이 선생님의 기독교교육 연구 전반의 의미론을 모두 반영한다고 볼 수는 없을 것입니다. 그럼에도 저는 아래의 말씀이 선생님의 학문과 신앙이 도착한 현재의 의미론적 지형만큼은 명확히 보여주고 있다고 생각합니다. 기독교교육은 하나님나라의 필요인 것입니다.

"그리스도는 맘몬은 사랑의 적이라고 이야기합니다. 그것은 소수의 사람들에게는 개인적인 부를 쌓게 하는 반면, 수백만의 삶을 비참하게 만들 수 있습니다. 경제체제세력으로서 맘몬은 착취, 부정, 물질주의와 불의 그리고 전쟁을 낳는다고도 이야기 합니다. 맘몬을 섬기는 모든 것은 하나님의 통치에 맞선다고 이야기 하면서 무엇이든 자기만을 위해 소유하는 사람은 자기 소유를 포기하라고 명령하신 그 명령을 무시하는 것과 같다고 이야기합니다. 이웃사랑이라고 하는 것은 학대 받고 자기 목소리를 내지 못하고 억압받는 사람들의 편에 서서 그 사람들의 목소리에 경청할 것을 요구합니다. 우리는 예수님이 하셨듯이 복음의 권리로 공적이거나 사적인 잘못들에 담대하게 대항할 의무가 있다고 이야기 합니다. 다시 말하면 예수는 가난하게 태어나셔서 범죄자로 죽으셨습니다. 그분의 나라는 특별히 가난하고 낮은 사람들을 위해 있다는 것, 그는 자신이 다시 오시면, 첫째가 꼴찌가 되고, 꼴찌가 첫째가 될 것이라고 약속하셨습니다. 더 나아가 주의 성령이 내게 임하셨으니, 이는 가난한 자에게 복음을 전하게 하시려고 내게 기름을 부으시고, 나를 보내사 포로 된 자에게 자유를 눈 먼 자에게 다시 보게 함을 전파하며, 눌린 자를 자유롭게 하고 주의 은혜의 해를 전파하게 하려 하심이라고 선언하고 있다는 것입니다2022.01.21. The Life 지구촌교회 청지기 세미나, 공동체의 영성과 삶 中."

나가며

작년과 올해 선생님과 몇 번의 편지를 주고받으며, 선생이라는 직업이 갖는 역설에 대해 생각해보았습니다. 자신의 삶과 시련을 누군가의 배움을 위한 자원으로 승화시키는 역설, 모든 선생이 이 역설과 마주한다고 말하려는 건 아닙니다. 다만 자신의 삶과 공부를 진지하게 마주하는 선생이라면, 이 역설을 쉽사리 피해갈 수 없다고 말하려는 것입니다. 이 부분과 관련해 저와 선후배 및 동료들은 선생님께 진 빚이 참으로 크다고 생각합니다. 선생님의 연구들을 읽으며 깊이 들었던 생각입니다.

글을 마치며, 서두에서 밝혔듯이 이글은 공적이면서도 오로지 저 자신을 위한 사적인 글이기도 합니다. 따라서 저는 지면의 마지막을 매우 사적으로 사용하고 싶습니다. 선생님! 기억하실지 모르지만 2007년 선생님께서는, 선생님이 떠나신 교정 어딘가에서 그리움과 늦은 후회들, 개인적 불안과 고민들로 지면을 가득히 채운 한 아이의 편지에 다음과 같이 답장해주셨습니다.

"경주야 다시 꼭 만나자" 2007년 선생님의 편지 중

드디어 다시 만났네요. 선생님. 반갑고 감사합니다. 그리고 정말 고생 많으셨습니다.

제자 경주올림

참고문헌

- 김난예(1982),「한국 기독교아동교육의 새로운 방향모색: R. Goldman의 종교적 사고발달을 중심으로」, 장로회신학대학교 석사학위논문.
- 김난예(1984),「발달이론과 기독교교육: Ronald Goldman의 종교발달과 기독교교육」, 교육 교회(99), 91-100.
- 김난예(2000),「기독교 신앙행동의 측정과 분석」, 충남대학교 박사학위논문.
- 김난예(2008a),「청소년 세계교육의 태도 목표를 위한 교과내용과 교육과정 제안」, 교회와 사회복지(7), 23-46.
- 김난예(2008b),「세계교육(Global Education)을 위한 교육내용과 교과과정의 개발」, 교회와 사회복지(6), 1-22.
- 김난예(2011),「기독학생들의 세계시민의식과 교회교육의 방향」, 기독교교육논총(27), 383-410.
- 김난예(2014),『아이들의 발달과 신앙교육』, 하기서원(침례신학대학교 출판부).
- 김난예(2019),「아나뱁티스트 공동체의 예수 따라 살기」, 한국기독교신학논총(112), 161-194.
- 김난예, 정원범(2019),「공동체 영성의 향기 : 종교 너머에 있는 우리가 사모하는 교회」, 대장간.
- 김난예(2021),「사회문화 변형화를 위한 기독교교육」, 상담심리교육복지(8), 191-203.
- 니클라스 루만, 장춘익 역,『사회의 사회』, 새물결, 2012.

  Claudio Baraldi, Giancarlo Corsi, Elena Esposito, Unlocking Luhmann, Bielefeld University Press, 2021.

- 낸시 프레이저, 김원식 역,『지구화시대의 정의』, 그린비, 2010.

  Bhaskar, Roy, Scott, David, Roy Bhaskar: A theory of education. Springer, 2015.

  Freire, Paulo, Education for critical consciousness. Bloomsbury Publishing, 2013.

---

1) 1기의 연구주제에 대한 종합적인 작업은 김난예(2014)를 참고할 수 있습니다.

2) 저는 이중에서 선생님의 세계(시민)교육에 대한 논의를 중심으로 2기를 관찰하고자 합니다. 왜냐하면 이 시기를 관찰하기 위해 도입한 구별, 즉 사회와 교육담론들의 변화를 기독교교육의 관점에서 성찰하고 절충(수용)하려는 선생님의 관점/방법이 가장 잘 드러나는 주제라고 보았기 때문입니다.

3) 선생님은 '기독교적 세계시민교육(김난예, 2011)'을 논하시면서 기독교 교육기관과 교회교육 내에 존재하는 제도 및 반인권적 요소의 변혁에 대한 청소년들의 주체적인 구성의 권리가 보장되어야 한다고 이야기 하십니다. 이것은 한나 아렌트(Hannah Arendt)가 시민의 권리를 말하며 제시한 '정치(체)에 대한 보편적 권리'와 그것의 구성요소(장소와 재현 그리고 목소리를 가질 권리)들을 연상케 합니다.

4) 4기에서 살펴보겠지만, 공동체적 신앙과 자기(자아)중심성은 선생님의 기독교교육론에서 대립되는 개념입니다. 물론 이것이 개인적인 자유와 신앙을 경시하는 것은 절대 아닙니다.

나의 어머니

정하은 베이직교회 부목사

생각해보면 나는 엄마를 참 힘들게 한 아들이었다. 장이 마비된 채 태어난 나는 엄마가 산후조리를 통해 휴식을 취하게 하기는커녕 추운 겨울 마음 졸이며 나를 수술시킬 수 있는 병원을 찾아다니는 고생을 선물하며 내 인생은 시작되었다. 의사는 '이 아이는 가망이 없기에 마지막으로 아이 얼굴 한 번 더 보고 보내주라'라고 설득할 정도로 위급한 상황이었지만 엄마는 '하나님이 주신 생명을 쉽게 포기할 수 없다'며 나를 포기하지 않으셨다. 부모님과 외할머니의 간절한 기도로 1차 수술과 6개월 후의 2차 수술을 성공적으로 마치게 되었지만, 늘 그렇듯 인생의 문제는 그렇게 쉽게 끝나지 않았다. 당시 아버지는 신학생이었고, 양가 부모님으로부터 기대할 수 있는 재정적 지원은 없었기에 당장 해결해야 할 병원비와 수술비, 그리고 2차 수술비는 결국 자신의 몸을 돌보고 건강을 회복해야 할 시기의 엄마를 생계의 현장으로 내몰았다. 그래도 하나님의 은혜로 두 번의 수술을 통해 건강을 회복하게 되어 유년기를 맞이하게 되었다.

아동기 시절의 나는 말썽꾸러기였다. 가만히 앉아있지 못하고 뛰어 다녔고 조금이라도 신기한 것이 보이면 이것저것 다 해체하여 집안의 많은 전자기기들을 고장내기 일쑤였다. 겁은 얼마나 많은지 밤에 무섭다며 엄마 아빠가 자는 방문 앞에서 엄마를 부르며 목놓아 울면서 엄마 아빠의 잠을 방해한 것도 하루 이틀이 아니었다. 한번은 과수원 사과나무에서 사과를 따먹다가 잡혀 엄마가 가서 사과한 기억도 있고, 아빠의 지갑에서 2만원을 훔쳐 먹고 싶은 것을 왕창 사서 먹었던 기억도 있다. 유치원생에게 2만원이란 세상 모든 것을 사고도 남을 정도의 큰돈이었기에 얼마나 부자가 된 듯한 기분이었겠는가? 나는 2만원을 가지고 먹고 싶은 것도 사고 사촌 동생에게 줄 지갑도 사며 호화를 누리다가 결국 부모님께 발각되었다. 아빠는 나에게 다른 사람의 것을 동의나 허락 없이 가져가는 것은 도둑질이며 잘못된 것이라고 야단치며 매를 드셨다. 참 많이 맞았다. 그런데 옆에 지켜보던 형은 동생을 잘 챙기지 못했다는 이유로 매를 맞았고, 엄마는 자녀를 제대로 키우지 못했다고 매를 맞았다. 그리고 아빠 또한 자녀를 제대로 키우지 못했다는 잘못이 있다며 스스로 매질을 하셨다. 그야말로 나 하나로 온 가족이 매를 맞는 경험을 하였다. 그렇게 맞은 후 엄마는 나의 종아리를 만져주셨고 목욕을 시킨 후 잠옷으로 갈아입히셨다.

그런데 또 몰래 아빠 방에 들어가 아빠의 지갑에서 만 원짜리 하나를 꺼내는 그 순간 엄마에게 발각되었다. 얼마나 놀랐는지 그 때의 감정이 생생하다. 그런데 엄마는 나를 혼내며 매를 들기보다 오히려 나를 안으시고 '이건 네가 하는 게 아니라 네 마음에 악한 것이 한거다, 너는 그런 아이가 아니다'라며 나를 다독이시고 나를 위해 15일간 금식기도를 하셨다. 만약 내 자녀가 그랬다면 나는 그렇게 하지 못했을 텐데 지금 생각해보면 엄마는 대단한 사람이었다. 엄마와 함께 길을 걸을 땐 엄마는 늘 나의 손을 잡고 기도해주셨고 하나님은 너를 사랑한다, 하은이는 엄마 아빠의 선물이라면서 나를 세워주셨다.

엄마 아빠의 무한한 사랑을 많이 받아서인지 나의 성격이 참 자유분방했다. 좋게 말해 자유분방이지 사실 천방지축이었다. 책상에 진득하게 앉아 공부하는 것은 내게 고문이었기에 5분에 한 번씩 냉장고 문을 열어보는 아이였다. 어찌나 밖에서 뛰노는 걸 좋아했는지 나의 부르심은 운동장에 있었고, 내가 감당해야 할 사명은 공부가 아니라 축구라 여기며 얼굴이 새까맣게 탈 정도로 밖에서 시간을 보냈다. 호들갑은 얼마나 떨었는지 시험을 보고 나면 집으로 달려와 엄마한테 전화해서 "엄마, 엄마, 나 백 점 맞은 것 같아, 이번 시험 너무 쉬웠어"라며 호들갑을 떨었지만 정작 성적이 나오면 100점은커녕 7-80점대를 맞는 소년이었다. 엄마는 60점보다 정말 잘 한 것이라고, 잘했다고 다음엔 더 잘할 수 있다고 격려해 주었다.

청소년기엔 좀 달랐을까! 청소년기는 더 심하면 심했지 덜하진 않았다. 머리가 좀 컸다고 엄마의 말을 귀담아 듣지 않았고, 내가 대입 스트레스와 힘들다는 핑계로 내 감정을 엄마에게 쏟아냈다. 사실 그땐 그래도 되는 줄 알았다. 엄마니까. 내 엄마니까. 날 받아주는 사람이니까. 그렇게 해도 다 이해해주겠지, 다 받아주겠지 라고 생각했다. 내 감정을 해소하기 위해 내 마음속에 있는 날카로운 단어들을 찾아 엄마한테 던졌다. 막상 뱉고 나면 내가 왜 그랬을까 후회도 되고 마음도 아팠지만, 엄마에게 이렇게 하지 말아야지 라고 다짐도 했지만 늘 엄마에겐 생각과 다른 말과 마음과 반대되는 말들을 쏟아내며 말 한마디 예쁘게 건네지 못한 철없는 아들이었다.

이런 철없는 아들을 키우는 엄마는 참 힘들었을 것이다. 다른 아이들보다 유난히 엄마를 힘들게 했던 것 같다. 그럼에도 엄마는 내게 잘못한 것이 하나도 없는데 미안해했고, 해준 것이 없다고 늘 아쉬워하며 해준 것 없이도 잘 커 준다며 고마워했다. 잘하는 것이 없는데 대단하다며 칭찬해 줬고, 무엇을 해서가 아니라 그냥 나 자체를 인정해주고 사랑해주었다.

그렇게 엄마의 사랑으로 성장했다. 더 진솔히 표현해보면 나는 엄마를 힘들게 하면서, 엄마의 마음을 아프게 하면서, 엄마를 고생시키면서 성장했다. 지금 나의 모습은 엄마의 눈물과 기도의 결과물이고, 엄마의 아름다운 젊음을 투자하고 인생을 쏟아부은 결과물이다. 엄마의 삶이 나에게 스며들었고, 엄마의 지혜가 내 가치관을 형성했다. 엄마의 기다림이 나를 성장시켰고, 엄마의 사랑이 나를 따뜻하게 했다. 그렇게 나는 엄마의 인생과 엄마의 수고, 엄마의 눈물과 노력, 엄마의 기도와 기대를 통해 지금의 나로 살아가고 있다.

얼마 전 기독교교육으로 박사학위를 받았다. 나의 지도 교수님은 2대가 기독교교육 박사학위를 받는 것은 한국 최초, 아마 세계 최초가 아닐까 싶다며 치켜세워 주셨다. 칭찬해주시기 위한 말씀인 걸 알지만 생각해보면 대를 잇는 목회자는 있어도 대를 이어 같은 전공으로 박사학위를 받는 경우는 흔치 않은 듯하다. 대를 이어 한다는 것은 그 직업 자체가 굉장한 가치가 있든지 아니면 그 일을 행하는 부모를 평생 닮고 싶을 정도로 존경스러워야 가능한 일일 것이다. 그러나 내게는 두 가지가 다 적용된다. 기독교교육은 너무 중요하고 가치있는 일이지만 동시에 기독교교육자로서의 엄마의 삶을 존경하고 또한 기도와 인내, 사랑과 지혜로 나를 키우시고, 더 나아가 같은 마음으로 학생들을 가르치는 엄마의 인생을 존경하고 닮고 싶기에, 엄마의 지혜와 성품을 배우고 싶고 따라가고 싶기에 엄마의 뒤를 이어 기독교교육을 공부하게 되었다.

모든 자녀에게 엄마는 특별한 존재이고 소중한 존재이겠지만 나에게 엄마는 최고의 엄마이자 스승이고, 편하게 대화할 수 있는 친구이자 멘토이다. 가끔 엄마의 젊었을 적 사진을 본다. 우리 엄마도 이렇게 젊고 소녀스러운 모습이 있었구나 하고 새삼 놀란다. 이땐 참 하고 싶은 것도 많고 꿈도 많은 나이였을 텐데 사랑하는 사람을 만나 가정을 꾸리고 자녀를 낳고 자신의 삶을 헌신하여 키우다 보니 어느새 나이 들고 힘이 없어진 지금의 모습을 마주하면 마음 한켠이 아린다. 동년배 사람들보다 더 힘이 없고 약해진 모습을 보면 참 치열하게 사셨구나! 참 고생하셨구나! 라는 것이 느껴지기에 더욱 속상하다.

그래도 하나님의 은혜로 교수로서의 사명을 잘 마치고 이제 은퇴를 앞두고 있다. 형과 나, 두 아들을 잘 키워낸 것도 엄마의 열매이지만 수많은 학생들을 엄마의 마음으로, 하나님의 마음으로 가르치셨기에 엄마의 열매는 세계 각국에서 맺어지고 있다. 지금까지의 수고와 눈물들이 하나님 앞에 위로받고 또한 하나님이 채워주시는 풍성한 은혜를 마음껏 누리고 나눔으로 복되고 즐거운 인생이 되기를 기도하며 응원한다.

마지막으로 엄마가 나의 엄마여서 참 감사하고 행복하다는 말을 전하고 싶다.

엄마가 있었기에 내가 있을 수 있었고,

엄마가 있었기에 하나님을 만날 수 있었고,

엄마가 있었기에 내 삶에 부족함이 없었습니다.

엄마는 하나님께서 제게 허락하신 최고의 선물입니다.

내 엄마가 되어주셔서 정말 감사합니다.

이 세상의 모든 말로도 표현할 수 없지만
온 마음을 다해 전하고 싶습니다.
"엄마, 사랑합니다. 고맙습니다."

날개 없는 천사

김춘학 창원열방교회 목사

　인생은 만남에서 시작된다. 김난예 교수님과 처음 만나게 된 것은 1974년 서울 동자동에 있는 동성교회였다. 고등학교 2학년이었던 10월 3일 개천절 날 친구를 따라 교회에서 하는 축구를 하러 간 것이 교회의 첫걸음이었다. 그때 학생회 전도부장이었던 짧은 단발머리의 여학생과 학생회 임원들과 친구들로부터 친절과 따뜻한 환대를 받았다. 그때부터 행복한 만남은 시작되었다. 그 이후 나는 교회가 너무 좋아서 집처럼 매일 드나들며 신앙생활을 하게 되었다.

　짧은 머리 여학생은 공부도 잘했는데 친구들 전도를 참 많이 했다. 그 당시 회장은 남자였고 부회장은 여자가 하는 전통이었는데 그 짧은 머리 여학생은 부회장을 사양하고 전도해 온 친구들을 부회장과 임원들을 하도록 자리를 마련해 주고 본인은 가장 힘든 전도부장을 하였다. 학생회 행사나 교회 행사에 늘 앞장서서 봉사와 섬김을 유감없이 행동으로 보여주었고, 친구들이나 선후배들의 필요를 알아채고 말없이 뒤에서 채워주곤 하였으며, 편견과 선입견 없이 사람을 대해 주었고, 아픈 친구들을 찾아가 문안했으며, 소외되는 사람이 없도록 학생회 전체를 살피곤 하였다. 가난한 시절 밥 한 끼 먹는 것이 힘든 시절이었지만 교회에 나왔던 나의 친구들은 지금 그녀의 남편이자 영원한 친구인 원범교수의 집이 아지트가 되었고, 그녀의 친구들은 그녀의 집에서 뒹굴며 함께 먹을 것을 나누어 먹고 깔깔거리는 아지트가 되었기에 우리의 학창 시절은 그런 두 개의 축을 중심으로 이루어졌다 해도 절대 과장된 말이 아니다. 또 굶주리고 먹을 것이 없는 친구들의 집을 새벽에 몰래 찾아가 쌀과 연탄을 두고 갔다는 이야기를 세월이 지난 후 친구들의 입을 통해 들은 적도 많다. 그녀의 어머니 최 권사님은 겨울철에도 커다란 김장독 서너 개에 배추김치, 총각김치, 물김치, 파김치 등 김치를 가득 담궈 놓고 언제든지 그녀의 친구들을 잔잔한 미소로 맞아주셨을 뿐 아니라 언제나 우리들의 안부를 물어주곤 하셨다. 나는 그래서 그 짧은 머리 여학생을 "날개 없는 천사"라고 불렀다.

날개 없는 천사! 무엇보다 그녀의 탁월함은 항상 앞서가는 격려의 리더십에 있었다. 다른 사람들을 격려하고 위로하고 따뜻한 감성으로 이끌어주었던 리더십! 그녀는 장신대 기독교교육학과에 입학하기도 전 1월부터 교육전도사로 사역했고 나는 교회학교 교사로 사역했다. 나는 대학갈 형편이 되지 않아 낮에 서점에서 일하면서 주님의 종으로서의 꿈을 꾸었고 그녀는 끝없는 격려와 꿈을 불어넣어 주었다. 결국, 낮에 일하면서 그들보다 조금 늦게 야간 신학교에 입학하여 공부하게 되었다. 처음으로 아동부 교육전도사 사역을 하기로 하였을 때 어린이 설교를 어떻게 해야 할지 고민하였다. 그때 나는 그녀에게 아동설교에 대한 피드백을 받았다. 지금도 잊지 못할 "철썩, 처얼썩, 처어~얼썩!~, 한밤중에 배를 뒤엎은 바닷물 소리…"의 의성어를 실감나게 하라며 몇 번이고 되풀이하여 자기 것으로 만들고, 그 깜깜한 밤, 풍랑을 만난 배에 내가 타고 있다는 것을 상상하며 어린이들에게 설교하라는 조언의 장면들이 영화처럼 펼쳐진다.

또 지금도 가슴속에 잊지 못하는 것은 내가 전도사일 때 어느 여름철 교사강습회에 나를 강사로 소개시켜 주었던 일이다. 정말 한 번도 어디 가서 가르치거나 강의해 본 적이 없는 나는 무슨 말을 했는지 모르지만 열정적으로 전하고 끝을 맺었다. 그리고 그녀를 다시 만났을 때 "아주 잘했습니다!" 하고 칭찬과 격려를 아끼지 않았다. 정말 내가 잘했는지는 알 수 없었지만 내 목회 여정에 열정과 담대함을 가지고 나아갈 수 있었던 배경에는 아마 그때 받은 그 격려가 한 몫을 한 것 같다.

나는 그들과 매주 토요일 밤에 산 기도를 다니며 나라와 민족을 위한 기도를 쉬지 않았고 주님의 종으로서 삶을 키우며 많은 시간을 함께 이야기하며 미래를 그렸다. 고등학생 때와 청년 시절에 그녀와 함께 신앙생활을 할 수 있었던 것은 우연이 아닌 내 인생의 잊을 수 없는 행복한 만남이었다. 그녀는 수도여고에서 뛰어난 성적으로 졸업하고 일반대학교 법학과를 추천했던 담임선생님의 권유에도 만류하고 장로회신학대학 기독교교육학과에 입학하여 한국 기독교교육의 선두 주자이신 주선애교수의 특별한 사랑을 받으며 수석으로 졸업하였다.

석사를 졸업하고 결혼하여 새문안교회 교육사로 있던 그녀는 새문안교회 청년이었던 지금 나의 아내를 소개시켜 주었다. 그녀의 주선으로 오늘날 나의 아내를 만나게 되었기 때문에 잊어서는 안 될, 잊을 수 없는 사랑의 빚을 진 셈이다. 늘 마음에 감사한 은혜를 깊이 간직하고 살아가고 있다.

그 후 나는 목회자로 살아왔고 날개 없는 천사는 탁월한 연구 활동과 실력있는 교수로 많은 후학들을 길러 내었다. 미래는 다음 세대의 교육에 달려 있음을 안다면 기독교 교육에 헌신하고 몰두해 온 지금까지 그녀의 삶은 아름다운 헌신과 아낌없이 주는 나무 같기에, 기독교교육에 모든 것을 쏟아 부은 날개 없는 천사를 나는 이제 "빛나는 기독교교육자"라 부르고 싶다. 빛나는 기독교교육자, 김난예 교수는 참 스승이었고 모든 일에 성실했으며 창의력이 빛났을 뿐 아니라 소탈한 성격에 배려심 많고 격려를 아끼지 않는 예수님의 사랑받는 제자였다. 김 교수는 어린아이처럼 순전하게 하나님을 기뻐하는 것이 그녀의 힘이라고 말하곤 했는데 그 힘이 시들지 않고 시냇가에 심은 나무 같기를 기도한다.

김 교수의 은퇴에 즈음하여 행복한 만남을 통해 신앙의 길과 인생의 길을 열어준 김난예 교수님께 고마움과 감사를 드리고 싶다. 은퇴란 영어로 "Retire"이다. 타이어를 바꾸어 끼고 다시 달려간다는 것이다. 이제 시작이다. 나는 김형석 교수의 말을 100% 공감한다. 65세부터 시작하여 10년 동안 준비하여 100세까지 건강하고 힘차고 아름답게 달려갈 수 있다고 믿는다.

다시 한번 같은 교회에서 학창 시절과 청년 시절에 불타는 믿음과 열정으로 함께 했던 아름다운 추억을 기억하면서 은퇴 후 더욱 빛나고 아름다운 삶이 가득하길 소망해본다.

2022. 2. 16 영원한 벗, 김춘학 목사

푯대를 향하여 달려갈 길을 달린 친구

조정열 전 인성여자 고등학교 교목

"내게는 우리 주 예수 그리스도의 십자가 외에 결코 자랑할 것이 없
으니 그리스도로 말미암아 세상이 나를 대하여 십자가에 못 박히고
내가 또한 세상을 대하여 그러하니라." 갈라디아서 6장14절

위 말씀이 내가 들었던 김난예 교수의 첫 육성이었다. 아, 이렇게 떠
올리다보니 보니 우리가 76학번이었네! 지금부터 46년 전, 그 시대를
살지 않았던 누군가에게는 까마득한 옛날로 생각되겠지만 그때를 살았
던 사람들에게는 그리 오래된 시점은 아니다. 시간이 품고 있는 신비이
다.

1976년 3월 초 어느 날이었을 것이다. 대학생이 되어 조금은 설렘
이 있었다. 막연하게나마 넓은 캠퍼스와 분주히 오가는 많은 인파를 그
리며 대학생활의 꿈을 키워오고 있었으니 모든 면에서 올망졸망한 캠
퍼스의 주인공이 된 현실에 선 나로서는 '조금' 이란 아쉬움이 배여 있
는 형용사가 딱 제격이었다. 그런 마음으로 시작된 장로회신학대학 기
독교교육과 76학번 30명의 첫 만남에서 나는 46년 동안 지워지지 않
는 특별한 순간을 경험했다. 누가 주동이 되었는지는 모르겠으나 각자
자기소개를 하자고 했고 전국 각처에서 모인 30명의 새내기들은 자기
가 누구인지를 야심차게 발설했다. 나는 그 날 누가 어떤 이야기를 했
는지는 기억이 나지 않는다. 심지어 내가 나를 어떻게 소개했는지도 알
지 못한다. 다만 나에 대하여 한껏 부풀려서 이야기 했을 것이라는 것

은 의심할 여지가 없다. 그렇게 내 차례가 지나가고 다른 여러 학우들의 자기소개가 무르익어가고 있을 무렵 자그마한 체구의 다부진 이미지의 여자 학우가 앞에 섰다. 들뜬 기분으로 소위 사복이라는 것으로 치장도 아닌 치장을 하고 앉아있는 우리 앞에 그녀는 허리를 잘록 맨 까만색 교복을 입고 서 있었다. 막 고등학교를 졸업했지만 교복이라는 유니폼은 이미 어느 구석에 쳐 박혀있는지 조차 모를 만큼 싫증을 느꼈던 그 교복이라니! "저 애는 왜 아직도 교복을 입고 온 것일까?" 온갖 판단들을 동원하고 있는데 그 여자 학우의 입에서 예기치 않은 소리가 터져 나왔다. "우리 주 예수 그리스도의 십자가 외에 나에게는 자랑할 것이 아무 것도 없습니다. 오직 주님의 십자가를 자랑할 뿐입니다." 그녀는 짧게 자기소개를 하고 자리로 들어왔다. 마치 머리를 한 대 맞은 것 같은 강한 울림이 왔다. 그녀가 바로 김난예 교수였다. 아주 강하고 옹골찬 모습으로 힘주어 말하는 그녀의 목소리에서 꾸지람 같은 기운을 느꼈다. 순간 나는 '내가 무슨 말을 들은 거야?' 라는 자문보다 '조금 전 나는 무슨 말을 한 거야'라는 자책의 울림이 맴도는 것을 느꼈다. 신학대학에 들어 올 결단을 한 사람들이라면 무언가 다를 것이라고 기대했던 터라 주절주절 제 자랑질을 하고 있는 동기들에게 실망했던 것 같다. 김난예는 그렇게 시작부터 사명감이 튼튼했다.

그 후 김난예는 학교생활보다는 외부 활동에 치중하는 것 같았고 뭔지 모를 자기만의 확고한 세계를 가꾸어가고 있는 것 같았다. 여자 학우들이 열 명이었는데 몇 명 되지 않는 그 멤버들이 두세 명씩 어울리는 분위기였다. 그런데 2학년 봄 쯤 이었을까 멀찌감치 서성이고 있다고 생각했던 그녀가 여자들끼리 행주산성으로 나들이를 하자고 제안했다. 나는 별 기대를 하지 않고 제안에 응했다. 그날 열 명이 다 모이지는 못했지만 함께했던 우리는 참으로 즐거운 시간을 보낼 수 있었다. 점심도 난예가 다 준비해왔던 것 같다. 그 날 행주산성에서 싸먹던 돼지불고기에 상추 쌈 맛은 지금도 잊을 수 없다. 우리만의 오붓한 즐거움을 맘껏 누렸던 그날의 모임은 함께 걷고, 이야기하고, 까르르 웃고, 밥을 먹는 일이 그렇게 즐거울 수 있다는 새롭고 특별한 경험이었다. 그녀는 이미 그걸 알고서 우리를 그 세계로 초대했던 것이다. 매사에 우리보다 늘 한발 앞서 있으면서 철없이 나대는 친구들을 그렇게 위로하고 말없이 챙겨주는 속 깊은 배려였다.

김난예 교수는 몸이 약골이었다. 3학년 2학기 설악산으로 졸업여행을 갔는데 감당할 수 없는 체력소모로 기절하듯 앓았던 기억이 있다. 평소에도 시시때때로 응급처치를 받는 비실이었던 것 같다. 그런데 신기하게도 그 약한 체력으로 할 건 다한다는 것이다. 지금까지 살아오면서 그녀는 참으로 많은 일들을 해 왔다. 공부도 하고, 두 아이도 기르고, 목사이며 교수인 남편의 든든한 파트너 역할도 지혜롭게 감당하고, 교수로서의 자기 몫도 잘 해나가니 그 무엇 하나도 소홀하지 않게 해내는 강인함이 어디에 있는지 놀랍고 궁금하다.

그런 친구 김난예가 자기의 믿음과 소신대로 한 길을 걷다가 이제 은퇴를 한다. 대학 강단에 서기까지 한눈팔지 않고 오직 자신의 길을 갔으며 주변의 잔바람과 집적거림에도 흔들림 없이 여기까지 왔다고 믿고 있다. 첫 소개의 자리에서 보여주었던 다부진 믿음의 고백대로 하나님만 바라보고 걸었으니 후회는 없을 것이다. 자기 몫을 잘 감당했으니 보람도 있을 것이다. 무엇보다 하나님께서 그 모든 것을 알아주실 것이다. 나 또한 확실하게 짐작하는 한 가지가 있다. 김난예, 정말 수고

했을 것이다.

　김난예, 그동안 참 수고했다. 이제 정해진 규칙에 따라 은퇴를 하지
만 이후에는 세상의 규칙이 아니라 하나님의 사랑의 질서 안에서 은혜
의 삶을 누리게 될 것이라 확신한다. 앞으로도 하나님의 은혜 안에서
매 순간 인생 최고의 순간을 누리면서 평강의 날을 살아가기를 바란다.

76학번 장로회신학대학교 기독교교육학과 동기 조정열

나침판과 같은 스승

이창옥 옥주교회 목사

한남대학교 및 대전신학대학 졸업 · 한남대, 침신대, 대전신대 강사 역임

내가 받은 선물 중에 10여 년이 지난 지금도 사용하는 것이 있다. 옛 선비들이 종이가 날리지 않게 누르거나 책장이 넘어가지 않도록 누르는 문진paperweight이다. 내가 사용하는 문진은 무게 340g, 두께 14mm로 한 손바닥에 올려놓으면 약간 묵직하다. 모양은 지름 7.5cm의 원반이고 윗면은 금빛이며 아랫면은 융을 붙여 미끄러짐이 없다. 가장자리 안쪽은 15mm 도넛형태이고 그 안쪽에 나침반이 있다. 가장자리 윗면은 아치형으로 "Colonial Williamsburg Foundation"이란 문구가 새겨져 있다. 인터넷을 찾아보니 미국 버지니아주에 콜로니얼 윌리엄스버그는 민속촌과 같은 곳으로 영국의 가장 큰 식민지가 형성된 곳이어서 미국의 초창기 역사를 배울 수 있는 교육적인 관광지라고 한다.

미국에서 안식년을 마치고 돌아오신 김교수님이 주신 선물이 바로 문진이다. 집에 돌아와 문진을 올려놓고 책을 읽다가 문득 나침반에 시선이 머물렀다. 언제나 북쪽 방향을 가리키는 나침반, 그 위에 새겨진 콜로니얼 윌리엄스버그에 대하여 생각하게 되었다. 영국인이 미국으로 건너올 때 사용하였던 나침반. 오로지 나침반 하나에 의지하여 신대륙을 찾아 나섰던 무모한 사람들. 그들의 무모한 도전이 있었기에 지금의 미국이 있겠지. 무모한 도전을 위해 사용된 그 나침반을 보면서 비록 무모한 도전이지만 그들이 방향을 잃지 않았던 것은 나침반의 덕분이었다는 생각을 하게 되었다.

나는 나침반을 보며 생각했다. '내가 나아갈 목표를 정하며 가야겠구나!'. 나는 가끔 열정이 앞선 나머지 가야 할 방향조차 정하지 않고 무모한 도전에 나설 때가 있었다. 그래서 많은 실패도 했고 좌절하며 되돌아온 적도 많았다. 이런 나를 잘 아시는 김난예 교수님이 콜로니얼 윌리엄스버그의 나침반을 선물로 주신 것이 아닐까? 인생에만 나침반이 필요한 것이 아니라 배움에도 나침반이 필요하다. 배움의 방향을 제시해 주는 나침반은 바로 스승이시다. 스승은 방향을 제시하는 나침반이어야 한다. 제자가 걸어가는 방향이 맞을 때는 침묵을 지키다가도 방향이 틀어진 것 같을 때는 어김없이 김 교수님이 나타나신다. 함께 길 동무하며 삶의 다양한 이야기를 나누는 과정 속에서 궤도를 이탈하고 있음을 제자 스스로 깨닫게 해 주시는 스승이야말로 나침반과 같은 스승이 아니겠는가?

발타자르 그라시안은 '위대한 스승은 제자에게 모든 기술을 다 가르치지 않는다'고 하였다. 스승이 걸었던 학문의 길을 강요하지 않으면서도 제자에게 학문의 나침반이 되어주고 스승을 뛰어넘는 학문의 세계를 열어가도록 지도하는 스승이야말로 참 스승일 것이다. 공자는 말하기를 '난초향은 하룻밤 잠을 깨우고 좋은 스승은 평생의 잠을 깨운다'고 했다. 평생의 잠을 깨운 스승이 내 곁에 나침반처럼 계시니 그야말로 복된 인생이었다. 책의 페이지를 누르고 있는 나침반 문진의 묵직한 무게만큼이나 스승의 사랑이 심장을 지그시 눌러옴을 느끼며 나는 오늘도 한 권의 책과 씨름하고 있다.

자신감이 삶을 바꾸다.

장지연 파랑새지역아동센터 센터장

내 삶의 전환기마다 김난예 교수님은 멘토가 되셨다. 내성적이고 주어진 일 또는 아는 길만 가는 나의 성격은 그저 평범한 학생이었으며 대전신학대학교 학부를 마친 후엔 시골 작은교회 사모로 사역하였다. 학부를 공부하는 동안 나는 교수님께 가르침을 받았다. 교수님이 특별히 나를 찾으신 것도 내가 교수님을 찾아뵌 것도 아닌데 돌이켜보면 중요한 시점에 나의 길을 조언해 주셨고 그 조언을 따랐던 나는 성장해 갔다.

그중 하나인 나의 자녀 원모와 원희의 교육에 대한 이야기를 담고자 한다. 결혼 후 자녀를 낳고 남편과 함께 시골교회 목회와 사회복지사업으로 분주했다. 나는 아이들은 그저 건강하게 자라주는 것, 지역사회에서 평범하게 교육받는 것이 당연하다고 여겼다. 그럴 때 교수님은 아이들의 교육에 대해 우리 부부가 달라지길 바라시고 조언하셨지만 우리 부부가 설득되어지지 않자 당신의 안식년에 찾아오셔서 아이들을 무조건 미국으로 데리고 가실 계획을 세우셨다. 배움에도 때가 있음을, 그래서 넓은 세계와 비전을 보여주고 발달 단계와 시기에 맞추어 아이들이 체험해야 함을 교육학 박사로서 안타깝게 외치셨던 모습이 지금도 눈에 선하다. 당시 속리산 밑자락 보은의 초등학교 2학년과 4학년이었던 우리 아이들은 미국에서 교수님과 함께했던 현지 학교 경험과 문화 체험들이 오늘날 본인들의 성장과정에서 큰 자신감을 갖게 하고 비전을 심어주었음을 믿어 의심치 않는다. 그런 우리 아이들이 대학을 졸업하고 대학원에 진학중이다.

배운 만큼 보이고 경험한 만큼 느끼고 느낀 만큼 삶으로 녹여낸다는 것을 이후로 아이들이 잘 성장해 나가는 것을 보며 나는 느낄 수 있었다. 더불어 그때 함께한 시간은 내 삶의 전환점이 된 계기 중 하나이다. 영어라고는 기초도 안 되었던 내가 영어에 도전을 받아 공부를 하였고 이후로 지역사회 학생들을 이끌고 필리핀 어학연수를 8년간 인솔하며 교육하였고 지역사회 학부모들과 학생들에게 든든한 멘토가 될 수 있었다.

교수님은 위의 한 예와 같이 내 삶에 자신감을 그리고 배운 것을 나누는 기쁨을 알게 하신 분이시다. 당시 교수님에게 찾아온 안식년은 귀하고 소중한 시간이었을텐데 시골에서 평범하게 살아가는 제자와 자녀까지 챙기실 정도로 교육열도 높으신 분이셨다. 은퇴를 앞둔 지금도 타국에서 한국으로 유학 온 학생들을 열정적으로 돌보시고 정을 나누고 있다는 소식을 들으면서 때와 장소 그리고 누구에게나 열린 마음으로 변함없이 정을 주시는 교수님이 나의 스승이심에 감사하다.

오늘날 내가 당당히 지역사회에 선한 영향력을 끼치는 자로 감히 성장할 수 있었음은, 나의 멘토 김난예 교수님이 계셨기에 가능했다고…,

그래서 나를 더욱 사랑할 수 있는 존재가 되었다고…

어느새 나도 교수님을 닮아가고 있다고 전하며 감사드리고 싶다.

대전신학대학교 졸업생

교수님, 안녕하세요?

황규민 나사렛 대학교 교목

나사렛 대학교 기독교교육학과 졸업
나사렛대학교 교목
탕정교회 초등부 담당교역자
탕정교회 GODINUS공동체 담당교역자

나사렛대학교 기독교교육학과 07학번 황규민입니다. 주일학교 사역에 관심이 많던 20대 초반의 열정적인 청년이 이제는 30대 중반의 아저씨가 되었습니다. 교수님을 알게 되고 스승과 제자로서의 연을 맺어 온 지도 벌써 13년 정도가 되어가는 것 같습니다.

교수님께서 기억하실지 모르겠지만... 자신의 이름을 소개 하시며 난 예수가 좋다오. 그래서 '난예'라는 이름을 쓰신다는 이야기를 해주셨던 것이 기억납니다. 그리고 교수님께서 그렇게 좋아하시는 예수님을…, 그리고 그분의 사랑을 수업이라는 형태를 빌려 저에게 전해주시고 또 전해야 함의 중요함을 가르쳐 주신 것에 감사드립니다.

어린 아이들에게 하나님을 가르치고 전하는데 아이들이 충분히 존중받고 사랑받고 있음을 느낄 수 있도록 하는 것이 중요하며 이를 위해 아이들 식탁의 수저 냅킨 같은 작은 부분까지도 신경 써야 한다던 교수님의 가르침이 기억납니다. 그리고 아이들이 교회에서 혹은 교사를 통해 하나님에 대한 부정적인 인식을 가지지 않도록 해야 한다고 하시며 "예배 시간에 떠드는 아이 하나님께서 보시면 뭐라 하실까?" 노래를 불러주시며 하나님은 아이들이 예배시간에 좀 떠든다고 화내는 분이 아니라던 모습도 기억이 납니다.

화장실 거울에 가르치는 학생들의 이름이 있는 출석부를 두거나 이름을 적어두고 매일 아침 학생들을 만나러가며 기도하신다는 교수님의 말씀이 저에게는 참된 교사는 주님의 사랑이 어떤 것인지를 단순한 지식 전달로 끝나는 것이 아니라 먼저 사랑하고 품어야 하며 주님께 의뢰하며 실천해야 함이 중요하다는 것을 가르쳐 주었던 것 같습니다.

어린 아이들은 미숙한 존재가 아닌 하나님이 주신 선물이라고 가르쳐 주시던 교수님.

돌이켜 보면 교수님께서는 저를 그렇게 대해 주신 것 같습니다.

그래서 교수님께 많은 학문적 지식을 배웠지만 그것보다 더 좋았던 것은 교수님을 통해 제가 하나님의 사랑을 경험하고 체험할 수 있었다는 것입니다. 교수님과의 수업을 통해 제가 얼마나 소중한 존재인지 그리고 하나님의 선물이라는 것과 하나님께서 나를 얼마나 사랑하시는지를 경험하고 배울 수 있었습니다.

지난해 9월에 오랜만에 뵈었을 때 여전히 변함없는 교수님의 열정과 사랑이 저에게는 다시 한번 더 큰 도전이 되었습니다. 그동안 교수님께서 가르쳐 주시고 보여주신 주님의 사랑이 비록 부족하지만 저를 통해서 계속해서 이어져 갈 수 있도록 교회사역의 현장에서 그리고 학교사역의 현장에서 최선을 다하겠습니다.

주님께서 준비해주신 소중한 스승

김영명 기독교교육학과 92학번
대전새중앙교회 권사
전) 목회비서

소중하고 아름다운 만남!

나는 40대 늦은 나이로 침례신학대학교 기독교교육학과에서 공부하게 되었다. 보수적인 장로교회에서 중.고등부 학생회 교사를 하면서 참된 기독교교육은 무엇인가 궁금했었고 언젠가 기회가 되면 공부를 하겠다는 생각을 품고 있었다. 몇 년의 세월이 지나 공부할 기회가 주어졌을 때 교회교육은 신학대학교에서 공부하는 것이 더 잘 배울 수 있다는 판단으로 침례신학대학교를 가게 되었다. 마음에 품고 있던 생각을 현실의 길로 열어주신 일은 주님의 놀라운 은혜였다. 그리고 이보다 더 놀라운 일은 섬세한 가르침과 풍부한 언어로 가르쳐주신 김난예 교수님과의 소중하고 아름다운 만남이다.

격려로 논문을 지도해 주신 스승

학교 캠퍼스를 거니는 것은 낭만적이고 행복한 기분이었다. 그러나 세 아이의 엄마로 펜을 놓았다가 다시 잡은 것은 오랜만이었다. 또 젊은 학생들과 섞여 공부를 한다는 것도 쉬운 일이 아니었고 수업을 따라가는 것과 과제를 해내는 일도 벅차고 힘겨웠다. 하지만 김 교수님의 수업은 늘 재미있고 기대가 되었다. 또 석사과정에서 글을 쓰고 정리하는 동안 아침과 저녁 어느 때든지 교수님 방에 찾아가면 친절하고 자상하게 논문지도를 해 주셨다. 나의 부족한 부분을 정확하게 찾아 깨닫게 해주셨고 나이든 학생인 나에게 할 수 있다는 격려의 말을 빠뜨리지 않으셨다. 교수님의 끊임없는 지지로 유대인 교육 관련 논문을 마칠 수 있었다. 감사한 마음에 교수님을 대접하고자 하면 언제나 학생을 배려해 주셔서 가볍게 먹자고 제안하신다. 이 글을 쓰면서 그때를 회상하니 교수님의 따뜻한 지도에 감사한 마음이 든다.

교육과 섬김의 달인

교수님의 수업 중에 기억에 남는 것은 아동교육과 관련된 토론시간이 있었다. 나는 조기교육이 옳다는 입장이었으나 교수님의 도움으로 어린아이의 개인적 상황과 수준에 맞게, 적당한 시기에 맞춘 교육이 좋겠다는 생각의 전환이 있었다. 그래서 가정과 교회에서 아이들을 교육할 때 개개인의 특성과 발달과 잠재적 가능성에 맞추어 지도하는데 많은 도움이 되었다. 또 수업 시간에 하신 말씀 중에 전혀 상상하지 못했던 것은 자녀들에게 성경과외를 시켰다는 이야기였다. 영어나 수학 과외가 아닌 성경과외라는 말은 처음 들어 보았다. 교수님은 학교나 가정에서 기독교교육의 달인이실 뿐 아니라 섬김의 달인이시다. 10여 년 전에는 영어 원어민 자원봉사자들과 함께 보은^{폐교된} 학교산 골 외진 곳의 아이들에게 영어를 가르치기 위해 바쁘신 중에도 주말학교를 섬기셨다. 지금은 한국개발원 대학교^{KDIS}의 아프리카 석박사 유학생들과 각국의 유학생들을 매 주일 저녁에 집으로 초대하여 먹이시며 예수님의 사랑을 나누신다. 은퇴를 바라보면서도 상처 입은 마음과 몸이 회복되고 서로 존중하며 아름다운 삶을 추구하는 사단법인 '샬롬회복'에서 봉사하며 지칠 줄 모르고 영적 고지를 점령하고 달려가시는 교수님을 바라보며 감탄해 마지않을 수 없다. 교수님 감사하고 사랑하고 축복합니다.

20년의 나이테

신주미 기독교교육학과 94학번

배재대학교 기독교사회복지학과 외래교수
대전YWCA 여성긴급전화1366 위원
사단법인 샬롬회복 이사

김난예 교수님과의 첫 만남은 신학대학원 재학시절이었습니다. 강의시간 교수님께서는 기독교교육학과 교수님으로서 현장 경험과 교수로서의 연구와 이 주제에 대한 애정이 가득하셨습니다. 교수님의 강의에서는 학문적인 냉정과 진심어린 열정을 느낄 수 있었습니다. 교수님의 수업에 참여한 많은 수의 학생들은 주일학교 교사나 교육전도사로서 지역교회에서 사역하고 있었는데 교수님께서는 학생들에게 잊혀진 것을 생각하게 하셨고 알지 못하는 것을 알게 하심으로 도전하셨습니다. 교수님의 수업은 매시간이 새로웠고 신선했습니다.

그로부터 20년의 세월이 흘렀습니다. 당시 신학대학원생이었던 20대의 학생은 이제 40대 중반이 되었고, 당시 40대 중반이셨던 교수님은 은퇴를 앞두고 계십니다. 세월은 그저 주어지지 않습니다. 세월은 나무의 나이테와 같이 흔적을 남깁니다. 햇볕과 비가 적당한 해에는 넓은 간격의 나이테가 생기고, 가뭄이 들고 햇볕도 박한 시절에는 좁은 간격의 나이테가 생기는 것처럼 20개의 나이테가 만들어졌을 시간이 지나갔습니다.

지난 20년 다양한 시절의 교수님을 뵈었습니다. 어느 해에는 제자들을 미국으로 데려가 넓은 세상을 보여주시며 배움의 기회를 주셨고, 또 어느 해에는 큰 열정으로 학과를 이끄시고 학생들을 격려하시며 선배들에게는 M.T에 와서 후배들에게 도전을 주라고 하셨고, 박사과정에 들어섰을 때에는 학술대회에서 발표해 보라고 논문을 지도해주시면서 부족한 제자가 연구자로서 두려운 첫발을 내디딜 수 있도록 병풍이 되어주셨습니다.

방학에 교수님을 뵈러 연구실로 찾아가면 어김없이 다음 학기에 강의할 책들이 쌓여 있었는데 같은 과목의 강의를 하셔도 매번 새로운 자료를 추가하시며 강의준비에 열심이셨고, 학기 중에 교수님을 뵈러 가면 제 다음에는 상담할 학생이 기다리기 일쑤였습니다. 신학대학원을 졸업하고 아이를 키우며 살림하고 살던 제게 박사과정에 들어가라고 몇 번이나 조언과 격려를 하셨고, 사역지를 정하지 못하고 방황할 때면 어디 사역지가 있다고 소개해 주셨던 일들이 하나하나 나이테와 같이 남겨져 있습니다.

받은 은혜를 세어보라는 찬송가의 가사처럼, 우리 모두는 하나님께 은혜를 받으며 살아가고 또 하나님께서 허락해주신 수많은 인연들 속에서 은혜를 받으며 살아갑니다. 교수님과의 20년을 되돌아보니 저는 참으로 교수님께 받은 은혜가 많은 제자입니다. 비록 교수님의 응원과 기대와 도움에 비해 제 역량이 부족하여 한참이나 늦되어 송구하지만, 그럼에도 여기까지 오게 된 것은 하나님의 은혜이며 교수님의 응원과 사랑으로 인함입니다.

교수님을 처음 뵌 이후, 20년의 시간은 저의 마음 깊은 곳에 나이테로 남았습니다. 학자로서 연구하시는 노력도, 도전을 멈추지 않으시는 열정도, 이웃을 섬기고 돕는 손길도, 제자를 아끼고 사랑하는 마음도,

고난 앞에서 절망하지 않고 하나님을 의지하며 자신의 사명을 감당하시는 모습까지… 언젠가, 20년이 40년이 되고, 또 60년이 될 때까지 교수님께서 오래오래 건강하시기를, 그리하여 우리들의 선생님으로 남아주시기를 기도합니다.

어린이 사역의 꽃을 피우다

임미옥 기독교교육학과 98학번

스마일마음요리터 대표
작전중앙교회 유치부 전도사
파이디온선교회 학령전 강사
아동요리,푸드테라피 전문강사

소중한 만남의 씨앗

오랜 세월이 흘렀지만 지금도 침례신학대학교 4학년 때 선택했던 '부모-자녀관계' 수업시간, 그 강의실에 학생으로 앉아있는 듯. 그때의 기억, 그 시절의 가르침이 제 기억 속에 뚜렷하게 남아있는 듯해요. 사랑하고 존경하는 교수님과의 소중한 만남의 씨앗은 그렇게 자라 제 삶에 커다란 축복의 열매를 맺게 해주었습니다. 건강한 믿음의 가정을 이루고 싶은 사모함과 좋은 엄마가 되어 가정 안에 작은 천국을 이루어 가는 삶을 살기를 소원하며, 또한 다음세대 아이들을 향한 비전을 품고 "기독교교육자"의 길을 가려했던 저에게 교수님의 귀한 가르침과 사랑이 얼마나 큰 도전과 기대와 설레임을 주었는지 모릅니다^^. 닮고 싶은 내 삶의 모델이 있다는 것은 저에게 축복이지요~ 교수님과의 소중한 만남! 사랑의 가르침에 감사해요. 제자를 사랑으로 가르친다는 것, 삶으로 모범을 보여주는 것이 가장 영향력이 있다는 것, 사람을 세운다는 것의 소중함을 강의실에서뿐만 아니라, 삶의 모습 속에서도 보여주심으로 진정한 가르침의 본이 되어주신 교수님은 언제나 저에게 최고의 스승이셨습니다.

어린이 사역의 꽃을 피우다

기독교교육학과를 졸업 후 대학원에서 아동심리치료학을 공부하며 어린이사역전문가가 되기 위한 또 다른 준비를 하게 되었습니다. 한 영혼의 깊은 치유와 회복은 마음! 정서적인 터치가 이루어질 때 진정한 회복의 교육이 이루어진다고 생각하던 저에게 넘 귀한 배움의 시간이었어요. 어느덧 20년이 훌쩍 넘는 시간 저는 한길만 걸어온 어린이전문 사역자입니다. 건강한 가정, 건강한 교회교육을 세우기 위해 헌신하며 끊임없이 배우고 도전하며 한결같이 이 길을 걸어올 수 있었던 것은 은혜였습니다. 교회 사역뿐만 아니라 침신대에서 4년동안 시간강사로 학생들을 가르칠 수 있었던 것도 너무도 소중한 기회였어요. 얼마나 감사한지요.

전인적인 아이들의 신앙교육을 위해 지금도 여전히 끊임없이 배우고 도전하며 열정과 헌신을 다할 수 있었던 것, 이렇게 어린이 사역의 꽃을 피울 수 있었던 것. 돌아보면 이 길을 갈수 있도록 늘 격려해주시고 지지해주셨던 교수님의 사랑의 가르침. 삶으로 보여주셨던 선한 영향력이었던 것 같습니다.

행복한 가정을 이루다

교육의 1번지 장소는 가정! 하나님께서 선물로 주신 귀한 두 아이를 양육하며, 엄마로! 아내로! 살면서 순간순간 교수님께서 수업 시간에 말씀해주셨던 이야기들을 떠올리게 되었어요. 어떠한 마음가짐으로 엄마가 될 준비를 해야 하는지, 건강한 믿음의 가정을 이루기 위해 자녀를 어떻게 양육해야 하는지, 어떤 가치와 기준을 가지고 불안한 시대 속에 살고 있는 우리의 자녀들을 건강한 하나님의 사람들로 양육하기 위해 나는 어떤 엄마로, 어떤 아내로 살아가야 할지 고민할 때마다 순간순간 지난 배움의 현장에서 교수님께서 말씀하신 가르침의 내용들을 살며시 꺼내어 보게 되었습니다.

사랑의 향기되어 세상으로 나아가다

현재 저는 작전중앙교회 유치부 전도사로 섬기고 있으며 주중에는 유치원, 초*중*고등학교 등 다양한 교육기관에서 요리와 푸드테라피 전문강사, 스마일마음요리터 대표로서 활발하게 활동을 하고 있습니다. 예수그리스도의 사랑의 향기가 되어 세상을 향해 한걸음 한걸음 나아가며, 내 자신이 먼저 작은 교회로서의 영향력을 펼쳐가기를 소원하며, 하나님께서 머물게 하신 삶의 자리에서 최선을 다하고 있습니다.

늘 겸손하셨던 우리 교수님! 늘 엄마처럼 따스하고 포근한 사랑으로 격려해주시며 나를 세워주셨던 교수님! 교수님의 사랑의 가르침을 기억하며 저도 만나는 아이들에게, 부모들에게, 교사들에게 축복이 되는 사람이 되도록 최선을 다하며 오늘을 살아가겠습니다.

김난예 교수님의 제자라는 사실이 저로 하여금 마음 한편을 행복으로 가득 채웁니다.

닮고 싶고 본받고 싶고 존경할 수 있는 교수님이 계셔서 참 감사합니다.

저에게 축복이 되어주신 교수님 마니마니 사랑합니다^^*

기독교교육, 그 열정을 가다

이은미 기독교교육학과 00학번 편입

현) 전주대학교직장어린이집 원장
전주대학교 겸임교수
전북직장어린이집연합회 회장

2000년, 나는 7년간의 선교유치원에서의 교사직을 마무리하고 침례신학대학교에 편입학을 하였다. 나는 선교유치원 교사로서 근무하면서 선교사의 꿈을 갖게 되었고, 이를 위해 전문적으로 공부를 하여 자격을 갖추고자 하였다. 하나님이 언제든 어디서든 사용하실 수 있도록 나를 준비하고자 기독교교육과와 유아교육을 함께 배울 수 있는 침례신학대학교에 편입학을 하게 되었다. 나이 서른이 다 되어 다시 대학을 다닌다는 것이 어색하기도 했지만 기독교유아교육을 꿈꾸며 새로운 길로 들어서는 것이 무척 설렜다. 하지만, 학과 수업에 많은 기대를 하지는 않았고, 일반 수업 정도로 생각하면서 눈에 보이는 자격, 졸업장이나 자격증 뭐 이런 것들이 아마도 가장 큰 목적이지 않았을까 생각이 든다. 하지만, 수업들은 들으면서 나는 매우 행복했고 매 수업시간이 기대가 되었다. 많은 교수님들의 강의는 강의가 아닌 부흥회, 사경회와 같았고 은혜가 넘치는 수업들로 가득차 있었다. 나의 학교생활은 너무나 기대 이상이었다.

김난예 교수님을 만난 것은 첫 학기, 첫 수업으로 권위있는 카리스마Charisma로 매우 강렬한 인상을 남기셨다. 하지만 수업을 매우 유머러스하게 이끄셨기에 학생들을 웃게도 하시고, 양심에 찔리는 날카로운 질문도 하시면서 수업 시간 내내 교수님의 강의에 집중하지 않을 수 없도록 만드셨다. 특히 김난예 교수님의 수업은 나의 많은 가치관을 흔들어 놓으셨고, 새로운 관점으로 시선을 바꾸셨다. 나는 보수적인 합동측 장로교단에서 오랫동안 훈련받고 교육을 받으면서 타 종교에 대한 거리감, 배척, 적대감마저도 당연하다는 생각으로 지내왔지만, 김난예 교수님의 강의를 통해 기독교인으로서 폭넓은 사관을 지녀야 함을 깨닫게 해주셨다. 또한 기독교인으로서, 구별된 성도로서 성숙하게 사고할 수 있는 힘을 길러주셨다.

나는 교수님의 수업에 매료되었지만, 교수님의 이러한 모습들은 한 층 위에 계신 고수와 같은 모습이었기에 범접할 수 없는 분이라는 생각마저 들어 거리감이 있었다. 그러던 어느 날 교수님께서는 친히 나를 연구실로 부르셨다. 편입학을 한 나이가 좀 있는 학생이라 부르셨는지 모르겠으나 왜 기독교학과에 들어왔는지, 무엇을 하고자 하는지 등에 대해 물으셨다. 나는 기독교유아교육에 관심이 있고, 유아교사로서 기독교적인 세계관을 아이들에게 전하고자 한다고 말씀을 드렸다. 그러나 교수님께서는 기독교교육은 유아교육뿐 아니라 엄청난 세계가 있고 해야 할 일이 무궁무진하니 보다 큰 그림을 그려보라는 말씀을 하시면서 '기독교교육'에서 해야 할 다양한 많은 일들에 대해 열정을 다해 설명해 주셨다. 이 만남을 통해 교수님이 얼마나 기독교교육을 사랑하고 계시고 열정이 있는지 알게 되었다

나는 현재 기독교 유아교육을 현장에서 실천하고 있는 어린이집 원장이다. 하지만, 나의 꿈은 기독교 유아교육에만 머물러 있지 않고 유아교육에서 기독교적인 공동체를 만들고, 가족들을 주님 안에서 회복시킬 수 있는 센터를 만드는 게 최종 내 삶의 목표가 되었다. 이는 교수

님의 말씀이 늘 마음 중심에 자리 잡으면서 기독교교육자로서 생각을 넓히고 꿈을 넓힌 결과라고 생각된다. 김난예 교수님은 나의 삶에서 꿈을 더 크게 갖게 하셨고, 늘 든든한 지원자로, 기독교교육의 열정 모델로 나와 함께 하고 계시다. 교수님을 만나고 가르침을 받고 이제는 꿈을 함께 말하며 서로를 응원하며 지지하는 동행자가 되어가는 것이 매우 기쁘고 감사하다.

아동 캠프

배태균 기독교교육학과 00학번
예수비전성결교회 중고등부 목사

김난예 교수님은 제가 2학년이 되던 해 2001년도에 우리 기독교교육학과의 교수님으로 오셨습니다. 01학년도 2학기에 전공필수 아동종교교육을 가르치셨습니다. 교수님께서는 학문적인 것은 물론 우리가 교회나 교육 현장에서 적용할 수 있는 수업이 되어야 한다고 강조하셨던 기억이 있습니다. 그래서 수업 교재도 조별로 한 주제씩 맡아서 만들었습니다. 그때 우리 조에서 맡았던 주제는 거의 자료가 없었습니다. 저와 조원들은 교수님 연구실을 찾아가 자료가 없으니 주제를 바꾸어 달라고 말씀드렸습니다. 그때 교수님께서는 "그 주제가 자료가 없는 것을 알고 있다. 그러니 너희들이 그것을 한번 만들어 보아라"라고 말씀하셨습니다. 결국 저희 조원들은 2주 이상 머리를 싸매고 도서관에서 살았습니다. 모든 자료를 다 찾아서 A4용지 3장 분량으로 만들었습니다. 저희 조가 발표한 날 교수님께서는 자료가 없는 주제인데도 불구하고 과제를 훌륭하게 만들었다고 크게 칭찬하셨습니다. 교수님의 말씀에 따라 어렵지만 자료를 찾고 조원들과 토론하고 함께 공부하다 보니 좋은 결과를 낼 수 있어서 크게 뿌듯했던 기억이 있습니다.

아동종교교육 수업을 중에, 교수님께서 앞으로 2주간의 시간을 줄 테니 지금 당장이라도 주일학교 예배 때 적용할 수 있는 수업모형을 만들어서 발표하라고 과제를 주셨습니다. 그때가 11월로 기억합니다. 지금은 침례신학대학교가 교통이 좋아졌지만 그 당시는 버스 노선도 몇

개 없었고, 지하철도 없었던 시절이었습니다. 대전 중구 은행동에 있는 '대전문구센터'까지 가서 재료를 사다가 창세기 1장의 천지창조 모형을 만들어 발표했었습니다. 아동종교교육 수업이 2시간 수업이었는데 발표만 3시간을 넘겨서 저녁 6시가 넘어 수업이 끝났습니다. 이론과 실제를 병행하는 교수님의 가르침은 실제로 교회 현장에서 아이들을 가르치는데 있어서 큰 도움이 되었습니다.

뭐니 뭐니 해도 김난예 교수님과의 추억중의 백미는 '아동캠프 수업'이었습니다. 아마도 이 수업에 참여했던 동문들은 저와 같은 생각일 것입니다. 99학번 선배들을 주축으로 해서 기독교교육학과 어린이 캠프가 있었습니다. 교수님께서 기독교교육학과의 이름을 걸고 캠프를 하려면 제대로 하자며 아동캠프를 전공 선택 과목으로 개설하셨습니다. 순전히 캠프를 위한 수업이었습니다. 02년 2학기로 기억합니다. 00학번 동기인 이현구 형이 캠프장을 맡았고, 기획팀, 찬양팀, 교육팀, 진행팀, 가정사역팀 등의 여러 부서를 만들어서 캠프가 진행되었습니다. 저는 가정사역팀 팀장을 맡아서 식사와 간식을 담당했습니다. 재정이 없는 상태로 시작하였기 때문에 캠프를 준비하는데 많은 어려움이 있었습니다. 그때 수업을 들었던 학생들이 자발적으로 우선 지출을 하였습니다. 자기 용돈이나 카드로 결제하고 나중에 받는 경우가 대부분이었습니다. 다들 20대 초중반의 대학생들이고 대형캠프에 대한 경험도 거의 없었기 때문에 좌충우돌하며 캠프를 준비했습니다. 하나님의 은혜로 스텝, 어린이, 인솔자와 학부모를 포함해서 약 450명이 참석하는 꽤 큰 캠프가 되었습니다.

막상 신청자가 너무 많아지니 문제가 발생했습니다. 추운 겨울이었기에 난방비를 비롯하여 예상하지 못했던 지출들이 많았습니다. 또 식사는 학교 식당에서 1인당 3000원 이하로는 밥을 해줄 수 없다고 하니 식대와 간식비만 1,000만원이 넘게 계산되었습니다. 캠프 예산의 2/3가 넘는 큰 금액이었습니다. 교수님과 우리는 어떻게 하면 식대를 줄일 수 있을까 고민했습니다. 교수님은 하나님이 하시니 걱정하지 말고 내용을 충실히 준비하라고 하셨지만 저의 팀에서 고민하고 의견을 나누다 보니 좋은 아이디어가 떠올랐습니다. 어린이들의 식사량을 계산해보니 약 270인분 정도의 도시락이면 450명이 먹을 수 있을 것이라는 결론이 내려졌습니다. 그래서 저와 가정사역 팀원들은 유성터미널 옆에 있는 한 도식락 매장을 찾아가 사장님에게 우리의 사정을 말씀드렸습니다. 사장님은 3500원짜리 도시락을 200개로 맞춰서 성인이 250명 이상 배부르게 먹을 수 있는 양으로 맞춰주시겠으나 개별 포장은 못하니 알아서 배식하라고 하셨습니다. 덕분에 몸은 힘들었지만 풍성히 먹일 수 있는 캠프가 되었습니다. 이 때 가정사역팀은 정말 고생 많이 했습니다. 450명분의 그릇을 설거지 하느라 잠도 거의 못 잤고 온수가 끊겨 그릇들을 기숙사에 가져가서 설거지를 하였습니다. 어떻게 해서든 예산을 아껴야 했기 때문에 간식은 대전에 있는 마트와 시장을 다 돌아다니며 공수했던 추억이 있습니다. 캠프 기간이 그해 겨울 가장 추웠던 날씨였고 눈도 많이 내렸습니다. 주문한 간식 찾으러 가다가 차가 미끄러져서 차가 도로 한복판에서 한 바퀴 돈 적도 있었습니다.

하나님의 은혜로 적자가 나야할 캠프가 오히려 예산이 조금 남는 기적도 일어났습니다. 가장 뿌듯했던 것은 참석했던 교사, 학부모, 어린이들이 지금껏 가본 캠프 중에서 가장 재미있고 은혜로운 캠프였다고 간증하며 돌아갔던 것입니다. 물론 밥도 가장 맛있는 캠프였다는 말도

들었습니다. 캠프가 끝난 후에 각 팀장들이 태평동의 작은 교회에 모여서 밤새 영수증 정리와 재정을 정산했던 기억도 새록새록 납니다. 교재 계획과 집필, 프로그램 내용과 진행사항 체크, 교사훈련, 팜플렛, 홍보, 참석인원 파악, 예산계획과 집행, 결산보고, 후속조치 등… 이 모든 것에 교수님은 큰 지침을 주셨고, 잘하고 있다고 항상 격려해 주셨으며 우리들이 앞으로 할 일이니 우리들이 하는 모든 것을 지켜봐주시고 조언하시고 지휘하시는 일을 하셨습니다. 후에 제가 목사가 되어서 선교단체에서 사역하면서 700~800명이 모이는 청소년 캠프의 디렉터를 하고 3,000명 이상 참석했던 금식성회의 기획과 진행을 맡아서 해낼 수 있었던 것이 다 이 때의 경험이 토대가 된 것이라고 생각을 합니다.

마지막으로 나누고 싶은 추억은 교육부에서 기독교교육학과 실사를 나온 적이 있었습니다. 그때 우리 과는 아무것도 준비되지 않은 상태였지만 김난예교수님의 지도로 비어있던 공간에 교육교재와 자료를 만들어 놓고, 또 없는 것은 교회들 찾아다니며 얻기도 하고 기독교교육학과 실습실과 교육재료실을 만들었습니다. 무에서 유를 창조한 것은 아니었지만 아무것도 준비되지 않은 상태에서 교육부의 실사를 받을 수 있는 수준까지 준비를 해 놓았고, 덕분에 교육부에서 아주 높은 평가를 받았습니다. 그때는 정신없이 흘러가는 것처럼 느껴졌지만 그런 경험 하나하나가 지금 제가 목회자로 사역하는데 큰 밑거름이 되었습니다. 교수님과의 만남이 어느덧 20년이 흘러 40대셨던 김난예 교수님은 은퇴를 하시게 되었고, 20대였던 저는 40대 중반의 목사가 되었습니다. 교수님의 가르침이 없었다면 지금의 저도 없다고 생각합니다. 젊은 날에 교수님을 만날 수 있었다는 것이 제게 큰 복이고 감사의 제목입니다. 교수님 감사합니다. 사랑합니다. 늘 강건하시길 기도합니다.

집밥

홍진영 기독교교육학과 01학번

현) 사무국장
세종시시각장애인연합회
세종시장애인생활이동지원센터

교수님 안녕하세요? 진영이에요.

제가 입학한 날이 엊그제 같은데 벌써 2022년을 살아가고 있네요. 2001년 01학번으로 기독교교육학과 학생이 되어 딱 십년 후 사촌동생이 침신대 사회복지과를 들어갔는데 저에게 조상님이라고 놀리더군요. 영원할 것만 같았던 대학생 젊은 시절이 아직도 기억에 짙게 남는 것은 아마도 좋은 동역자들과 그곳에서 영원히 변하지 않는 진리를 가르쳐 주셨던 좋은 스승들, 그 중 저의 은사님이신 김난예교수님이 계셔서가 아닐까 생각됩니다.

교회가 아닌 세상 속에 나가서 명함을 내밀 수 있는 직업을 가질 수 있는 학과가 아니였음에도 저는 지금까지 침신대 기독교교육학과 졸업생이라는 것이 얼마나 감사한일인지 몰라요. 삶의 기초를 다지고 내가 알고 있는 절대적인 진리를 다시금 가슴에 깊이 뿌리내린 시간이라고 생각이 되어요. 따스한 미소로 늘 맞아주시는 엄마 같은 교수님을 만난 것이 참 행복이었습니다.

교수님 기억나세요? 졸업한지 한참 되어 사회에서 여러 가지 복잡하고 진로에 대한 고민이 많았을 때 선뜻 교수님께 연락을 드렸는데 교수님께서 저를 집으로 초대해주시고 집밥을 차려주셨죠. 엄마가 돌아가

신 이후 참 따뜻하고 특별한 밥상이었습니다. 밥상 앞에서 이런저런 대화를 나누며, 저의 진로에 대해 함께 고민해주시고 조언해 주셨던 날, 저는 교수님의 사랑을 먹고 충전되어 다시 복귀했습니다. 청소년들을 만나 그들을 사랑하고 섬기고 예수님이 가르쳐준 사랑을 전하고 그것이 정말 복되고 올바른 삶이라고 든든하게 나와 선배와 후배들의 뒤를 지켜주고 계신 교수님!! 그 응원소리가 늘 귓가에 들리는 것 같습니다. 내가 남을 위해 살 때 하나님은 저에게 많은 축복을 주셨습니다.

결혼 후 출산, 그리고 한참의 경력단절 기간 동안 많은 좌절과 열등감, 낮아진 자존감으로 스스로 일어날 힘조차 없을 때 SNS를 통해 교수님의 응원 한 말씀 한 말씀이 다시금 나를 일어나게 했습니다. 하나님은 내 깊은 내면의 여러 상황들을 아시고 다시금 사회에 복귀할 수 있도록 길을 열어주셨고, 저에게 장애인들을 가까이 만날 수 있는 자리에 있게 하셨습니다. 현재는 시각장애인들과 여러 유형의 장애인들을 만나며 사무국장으로 저의 자리에서 사랑하고 섬기며 살아가고 있습니다.

2022년 8월 정년을 앞두신 우리 교수님께 저의 자리에서 예수님의 사랑을 전하며 살아가는 것이 큰 보답이라는 것 깨닫습니다. 교수님과 통화할 때마다 저를 향한 응원과 칭찬들은 배가 되어 저의 삶의 용기가 되고 열매를 맺는 영양분이 된다는 것을 알아주셨으면 좋겠습니다. 오래오래 저희들의 곁에 계셔서 이 세대가 여러 모양으로 바뀌어도 중심을 잡아줄 수 있는 큰 어른의 모습으로 함께해주셨으면 좋겠습니다. 교수님 사랑합니다. 그리고 축하드립니다.

먹이시는 교수님

성영석 기독교교육학과 03, 10학0번
기독교교육학과 03, 10학번
선한목자 침례교회 담임목사

"예수께서 이르시되 와서 조반을 먹으라… 예수께서 가셔서 떡을 가
져다가 그들에게 주시고 생선도 그와 같이 하시니라" 요 21장 12, 13절

예수님께서는 실패와 좌절, 밤새 지치고 굶주린 제자들을 초청하셨
습니다. "와서 조반을 먹으라" 숯불 피우시고 생선과 떡을 구우셨습니
다. 그리고 친히 가져다가 제자들을 먹여 주셨습니다. 김난예 교수님과
의 추억을 생각하면 밥상 공동체가 생각납니다.

30대 후반 기독교교육학과 재입학. 그것도 가을학기에 낯설고 힘들
었습니다. 그런 제게 교수님께서는 식사의 자리에 초대하셨습니다. 이
후에도 많은 식사에 자리를 마련해 주셨습니다. 집으로 초청하여 고기
를 구워 주시기도 하였고 연구실로 불러서 집밥을 먹이기도 했습니다.
먼저 먹이신 교수님…

저는 알고 있습니다. 나의 부족함을…, 하지만 교수님은 늘 칭찬을
해 주셨습니다.

많이 좋아졌다고, 할 수 있다고, 처음 볼 때는 말도 잘 못 했는데…

말도 잘 못 하고 힘들어하는 제게 먹여 주시고 격려해주신 교수님,
그뿐 아니라 제 아들까지…. 선물로 식사로 챙겨주신 교수님….

교수님께 수강한 여러 과목 그리고 수업시간 이외에 성경 묵상 모임

을 통해서 나누고 함께 했던 시간이 더욱 아름다운 추억으로 남아 있습니다. 단감을 좋아하셔서 단감만 있으면 밥을 먹지 않고도 단감만 드신다는 교수님, 단감을 볼 때마다 교수님이 생각나는데…

교수님은 많은 제자를 키우셨는데, 그리고 저를 이렇게 키워주셨는데 찾아뵙지도 못하고 있는 모습을 보며 '한 부모는 열 명의 자녀를 키우지만, 열 명의 자녀는 한 부모를 모시지 못한다.'라는 말이 떠오릅니다.

교수님은 교수이시지만 목자이셨습니다.

"내 양을 먹이라"
먹여 주셨고, 세워주셨습니다.
때로는 교수로 가르쳐주셨고,
때로는 엄마처럼 품어주셨으며,
어떤 때는 친구처럼,
어떤 때는 동역자로 학교를 위해 학우들을 위해 함께 기도하면서 지경을 넓혀 보게 하시고 품게 하셨습니다.

교수님을 능가하는 학생이 되고 싶었습니다. 포기하지 않고 나아간다면 어디까지 닮아갈 수 있을까? 이제 목회자가 되었습니다. 목회자로 많은 것을 해야 하겠지요. 그저 부족함뿐입니다. 그럼에도 제일 신경을 쓰면서 잘하는 것 중의 하나가 먹이는 것입니다. 우리 집으로 오라고 해서 먹이고, 밖에서 만나서 우선 먹이는 것입니다.

교수님께서 제가 힘들었을 때 그렇게 해 주셨던 것처럼, 지친 영혼들, 내가 만나는 영혼들에게 말주변도 없는 저는 여러 말을 하기 보다는 먹고 힘내라고, 먼저 먹이고 있습니다.

교수님과의 마지막 날을 떠올려봅니다.

학교를 떠나는 마지막 날, 함께 식사하기로 했는데 사정이 생기셔서 참석하지 못하셨지만 식당을 예약하시고 미리 음식을 주문하시고 계산까지 마치셨던 세심하신 교수님, 그리고 함께하지 못해서 미안하다고, 계속해서 미안하다고 말씀하시던 교수님….

교수님의 사랑과 섬김,

이제 다른 영혼을 섬김으로 교수님의 사랑과 섬김을 갚아가겠습니다.

몸으로 가르쳐주신 교수님의 가르침

침례신학대학교를 떠나시지만, 교수님의 가르침은 계속해서 이어지리라 짐작해봅니다.

또 그 가르침을 받은 저희도 다른 곳에서 교수님을 닮아가는 모습이 이어지리라 믿습니다.

교수님 감사하고 사랑합니다.

좁은 길을 따라

김나영 침례신학대학교 유아교육과 04학번
UC Senior International Student Advisor / SEVIS Coordinator

김난예 교수님과의 인연은 한국에서 어렸을 때부터 다니던 교회에서 시작된다. 교회 협동목사님으로 오신 교수님의 남편 정목사님과 김교수님 부부는 교회에서도 청년에 대한 사랑과 열정은 누구보다도 남다르셨다. 부모님을 통하여 알게 된 목사님 부부는 나를 침례신학대학교 유아교육과로 인도하셨고, 2007년 기독교교육학과 학생과 우리 교회 청년 몇 명에게 어학연수의 길을 열어주셨다. 늦게 철이든 나는 그 당시 교수님 부부의 미국 유학의 인도가 지금의 내 삶의 터의 자리가 될 줄은 전혀 상상하지 못했었다.

버지니아 리치몬드에서 어학연수를 하였던 나와 교회 친구들은 교수님 부부가 사시던 아파트에 자주 초청을 받아 식사를 대접받곤 하였다. 그때 만들어 주시던 미국식 스테이크 는 아직도 잊지 못한다. 그때 그 아파트의 거실, 부엌, 식탁까지도 말이다. 그때 나누었던 대화를 기억할 수 있으면 얼마나 좋을까!… 그때는 순간의 소중함을 깨닫지 못하는 20대 초반 대학생이었다. 미국 어학연수 중 기억나는 장면은 학교에 있는 국제학부 부서의 모습이다. 그중 어떤 교직원과 나의 유학생 이민 서류에 대하여 이야기 나누었던 기억이 있다. 어렴풋이 당시 내가 그곳에서 생각했던 것 중에 나도 훗날 이런 곳에서 일하고 싶다는 생각을 스쳐했었다. 그 후 나는 실제로 미국 서부, 캘리포니아에 대학원으로 진학을 하였으며, 지금은 미국 서부 최고 공립대학인 캘리포니아 주립대학교UC에서 전 세계의 유학생을 대상으로 이민법을 상담하는 직원으로 일하고 있다.

신실하신 하나님은 교수님 부부의 순종을 통로로 여호와 이레의 길을 준비하고 계셨다. 교수 생활에서 미국으로 안식년을 가셨다면, 좀 편히 여유롭게 쉬시어도 좋으셨겠거늘, 김난예 교수님과 정 목사님 부부는 학생을 사랑하고 그들에게 더 큰 세상을 보여주고 싶으신 하나님의 비전을 가슴에 품고 맡은바 최선의 순종을 하신 것이다. 모두가 넉넉지 않은 유학길에 교수님 부부가 초청해서 만들어 주신 미국 스테이크는 지금 아무리 내가 시도하려 해도, 미국의 고급 레스토랑에 가서 먹어도 그런 맛이 나지 않는다. 그런 맛이 날 일이 없다. 교수님의 사랑과 제자들을 향한, 다음 세대를 향한 비전이라는 특별 양념이, 그 정성이, 안 들어가 있기 때문이다.

교수님과의 인연은 여기에서 끝나지 않고 계속되었다. 어학연수 후에 미국으로 대학원을 진학하고자 부모님을 설득했으나 여자 혼자 미국으로 유학을 간다는 것을 미덥지 않게 생각하자 교수님은 부모님들을 만나 적극적으로 설득해 주셨고 추천서도 기꺼이 써 주셨다. 미국으로 대학원을 진학하기 전에 나는 교수님 부부가 봉사하시는 곳에서 더 가까이 접한 적이 있었다. 교수님 부부는 수업이 없으신 주말에 충북 보은의 산골 마을 폐교를 빌려 학교를 깨끗이 수리하고 청소하여 주말 영어 학교를 여셨다. 교육과정인 커리큘럼부터 학교에 관한 세세한 모든 것까지 지도하셨고, 그 지역에 많은 아이들이 영어를 통해 하나님을 알고 하나님의 나라를 향해 더 넓은 세상으로 나갈 수 있도록 아이들의 세계관을 넓혀 주시며 교육을 통해 하나님 나라를 확장하고 계셨었다. 그중에 어떤 아이는 커서 그 날을 기억할 것이고 더 큰 세계를 예수그리스도의 이름으로 품고 꿈을 펼쳐나갈지도 모른다.

예수님의 십자가의 길처럼, 비록 김난예 교수님의 모든 교육의 행진의 자취와 업적은 쉽지 않은 좁은 길이었을 것이다. 하지만, 작은 씨앗이 심기어 여러 새들을 품을 수 있는 겨자나무가 되는 것처럼, 풍성한 열매가 주렁주렁 맺히는 물댄동산의 과일나무처럼, 교수님께서 심으신 작은 씨들이 교수님이 살아오신 나날들의 흔적을 따라 열매를 맺으며 하나님의 나라를 만들며 살아갈 것을 의심하지 않는다.

김난예 교수님의 선한 싸움에 깊은 감사와 뜨거운 박수의 찬사를 보낸다. 아직 끝나지 않은 이 좁은 길, 앞으로 더욱 교수님을 통해 일하시는 하나님을 기대한다.

교수님을 생각하면…

김경선 기독교교교육학과 09학번

기독교선교횃불재단 비서실장, 현) 육아휴직 중
전) 기독교학교교육연구소 연구원

삶을 살아가는 동안 평생의 스승을 만나는 것만큼 큰 복은 없다고 합니다. 그리고 저는 그러한 스승을 만날 수 있어 행복한 사람입니다.

#1. 꿈을 크게 가지고, 세상을 향해 나아가라

서울, 그곳에서도 가장 입시경쟁이 치열하다는 곳에서 초중고를 모두 졸업한 저는 충청도 특유의 느린 분위기와 모든 것이 사랑으로 포용되는 신학교 특유의 분위기 때문에 학교 입학 후 적응에 매우 어려움을 느끼고 있었습니다. 그동안 당연하다고 생각했던 것들이 다른 이에게는 당연하지 않을 수 있었다는 것이 매우 충격이었고, 몇 년 동안 기도하고 고민하며 결정했던 신학교 입학이었음에도 불구하고 선택이 잘못된 것은 아닌지 고민되고 후회 스러웠습니다.

"꿈을 크게 가지고, 세상을 향해 나아가라"

편입과 휴학을 고민하던 어느 날, 안식년을 마치고 돌아오신 교수님께서 하신 말씀입니다. 학생유치를 위해 당연히 편입 및 휴학은 만류할 것이라 생각하며 시작한 상담이었는데, 의외의 대답과 조언, 방향 제시는 저에게 있어 다른 세상으로 나아가는 문을 여는 기분이었습니다.

#2. 불타는 가르침에 대한 열정

갓 고등학교를 졸업한, 어디로 튈지 모르는 다수의 학생들을 인솔하기란 분명 쉬운 일이 아니었을 겁니다. 하지만 김난예교수님은 늘 학생에게 최선을 다하며 열정적이었습니다. 자연에 깃든 하나님을 체험하고 느껴야 한다며 야외수업을 강행하고, 교사가 되기 위해서는 직접 학생을 만나는 것이 중요하다며 인근 학교 등을 섭외하여 데려가기도 하셨습니다. 학생들 사이에서는 교수님의 불타는 강의열정과 수업방식은 화제일 수밖에 없었습니다. 학교를 졸업한지는 오래되었지만 저는 지금도 나태하고 게을러지는 순간에는 교수님의 열정을 기억하고 마음을 다잡습니다.

#3. 사랑, 사랑, 사랑!

학교에서 교수님의 제자 사랑은 매우 유명했습니다. 교수님의 사랑을 직접 받은 저는 그 사랑이 얼마나 깊은 진심에서 우러나온 것인지 누구보다 잘 알고 있습니다. 직접 부모님을 만나 대학원 진학을 설득하기도 하셨고, 논문이 잘 안 써진다고 하자 서울까지 오셔서 밥을 사주신 것도 있습니다. 이 세미나는 꼭 가야한다고 졸업한 제자까지 챙겨주셨습니다. 교수님의 사랑은 항상 따뜻했고 의지가 되는 것이었습니다. 이 모든 것에 대해 마음 깊이 감사했습니다.

#4. 실천하는 신앙인

교수님과 교제하며 알아갈수록 김난예교수님을 향한 존경심과 사랑은 더욱 커질 수밖에 없었습니다. 불의와 타협하지 않고, 내가 믿는 바를 직접 실천하며 살아가는 교수이자 신앙인이셨기 때문입니다. 삶으로 내가 배운 학문과 내가 만난 하나님을 직접 가르치는 교수님을 응원하고 존경할 수밖에 없었습니다.

그 누구보다도 교수님을 존경하고 사랑했던 제자이기에 김난예 교수님의 퇴임소식을 듣자 여러 가지 감정이 듭니다. 하지만 그 뒤에 있는 교수님의 새로운 사역과 하나님의 인도하심을 알기에 교수님의 새로운 사역을 응원하고 기도드립니다.

교수님 같은 지도자가 되면 어떨까?

김진실 기독교교육학과 09학번
동서대학교 선교복지대학원 기독교상담심리학과 재학

교수님, 제가 2009년도에 침례신학대학교에 입학했으니까 벌써 13년차에 접어들었습니다. 십년이면 강산도 변한다고 하는데, 교수님을 뵈온지가 13년이 되었으니 10년의 세월이 언제 지나갔는지 모를 정도로 빠르게 지나간 것 같습니다. 13년이라는 젊음의 시간을 낭비하지 않고 늘 배움의 자리에 있을 수 있도록 격려해주시고, 지도해주신 것이 제겐 큰 은혜를 입은 기간이었습니다. 입학하여 열정만 넘치던 저를 눈여겨 봐주시고, 가능성 있는 아이로 생각해주신 것, 학업과 아르바이트를 병행하던 제게 장학금을 주신 것, 기독교교육 학회지에 예배 공과를 쓸 수 있도록 기회를 주신 것 모두 과분하고도 풍성한 사랑이며 은혜였습니다.

제가 아동과 기독교교육에 흥미를 느끼며, 관심을 가지고 임할 수 있었던 것은 잘 정리된 교수님의 설명과 사랑 때문이었습니다. 대학원 과정에서도 교수님께서 강의하셨던 교육심리학과 기독교아동교육의 페이지들이 문득문득 떠오르고, 그 시절 강의실에서 수업을 하셨던 내용과 장면이 사진처럼 오버랩 될 때 저 역시도 놀랍고, 신기했습니다.

여성으로서 엄마이자, 교수이신 교수님을 뵈면서 마음 속 깊은 곳에 "교수님 같은 지도자가 되면 어떨까?" 라는 꿈도 꾼 적이 있습니다. 여전히 부족한 게 많아서 선뜻 자신 있게 말할 순 없지만 제 마음속의 소원 중 하나입니다. 부족함이 많지만 여전히 너그러운 이해로 저를 바라봐주시는 것이 제게 큰 용기가 되고, 무언가를 해낼 수 있는 동기가 되는 것 같습니다.

교수님과 두 번의 미국 교육 기행은 모두 의미가 있었지만, 각각 다르면서 독특한 인생을 바꾸었던 경험이었습니다. 두 번째 미국 기행 버스 안에서 "전보다 더 많이 성숙되었다."고 말씀해주신 적이 있었습니다. 제가 보았던 아미쉬 공동체, 유진 벨 선교사님 가문 등 성숙한 신앙인들의 삶 앞에서 부끄러운 모습이 많지만, 제겐 열정 많았던 대학생에서 한 단계 발전했다는 의미로 받아들여져 너무 감사하고 기뻤습니다. 메노나이트와 아미쉬 공동체와 같은 귀한 공동체와의 만남과 교육을 통해 신앙인이 나아가야 할 방향과 실천적 영성이 무엇인지 직접 보고 생각해볼 수 있었던 시간이 제게 주어진 것은 대단히 큰 영광이고, 제 인생의 방향을 결정짓는 중요한 경험이었습니다. 저 혼자서는 알기 어려운 특별한 경험을 먼저 앞서서 연구하시고, 지도하시고, 안내해주셨고, 제게 흔쾌히 참여할 수 있도록 허락해주셔서 감사드립니다.

대학원에 진학하여 교수님께서 연구하신 논문들이 학우들을 통해 인용되는 것을 보면서 멀리 떨어져 있지만 교수님께 가르침을 받은 저로써는 굉장히 뿌듯하고, 자부심이 넘치는 순간들이 많이 있었습니다. 저도 깊이 기도하고 연구하며 사회와 국가에 기여할 연구 주제를 찾아 연구하는 모습을 보여드리며, 자랑스러워하실 제자로 남겠습니다.

그동안 기독교교육의 연구와 사역, 실천적 기독교 영성 공동체에 대한 도전, 신앙인과 기독교가 나아가야 할 방향에 대한 고민과 해답은 제 삶과 영혼에 큰 울림이 됩니다. 교수님께서 먼저 하셨던 고민 안에서 저 역시도 갈등하고 고민하겠지만, 교수님께서 먼저 기도하시고 연구하신 덕분에 그 은혜를 누리며 또 제가 해나가야 할 역할과 책임을 감당하겠습니다. 교수님께서 치열하게 현장에서 갈등하고, 고민하고 아파하셨던 것을 저희는 쉽게 누리게 되어 송구하지만 하나님께서 대학교 강단에서 쓰셨던 것이 이제는 보다 넓은 곳에서 더 자유롭고 다양한 곳에서 귀하게 지식과 삶을 나누게 될 것을 기쁨으로 기대하고, 기도하겠습니다.

교수님! 계속해서 건강하게 지켜봐 주시고, 행복하고 소중한 삶의 소식들을 전해드리겠습니다.♥ 그리움을 담아 교수님께 감사 인사드립니다.

아들에게 자랑할 수 있는 스승

김태진 기독교교육학과 10학번
케스코 경영지원 차장

그 날, 입학 후 침신대 기독교교육학과 첫 중간고사를 마치고 나온 1학년 학생들은 나라를 잃은 듯한 표정들이었습니다. 굳은 얼굴로 내쉬는 한숨들은 서로의 마음을 대변했습니다. 몇몇 여 학우들은 훌쩍거리기도 했습니다. 설렘과 의욕으로 가득한 1학년 1학기 수업은 의례히 교양위주의 수업들과 가장 기본이 되는 개론수업으로 구성이 되어 있습니다. 대부분의 학생들은 경험해보지 못한 전공으로 들어가기 전 생소한 단어들과 학습 분위기에 익숙해지기 위한 배려일 것입니다. 드디어 첫 전공수업 날, 넓은 강의실에는 서로에 대한 어색함과 유일한 전공수업을 잘 해보고자 하는 의욕이 적절히 긴장감을 이루고 있었습니다. 그리고 작지만 단단해 보이는 연륜을 내비치는 여교수님이 강의실을 가득 채운 학생들 사이를 걸어 교단 앞에 섰습니다. 예뻐 죽겠다는 듯이 커다란 미소 가득한 얼굴로 학생들을 둘러보시는 김난예 교수님을 그렇게 처음 뵈었습니다. 학생들의 이름을 부를 때마다 얼굴을 확인하시며 이름을 외우시고, 수업 중간 중간 그렇게 외운 학생들의 이름을 애정 가득 불러가며 "그래, 장하다." 격려를 아끼지 않으셨습니다. 쉽지 않은 수업이었지만 그렇게 진심 가득한 교수님의 수업을 학생들은 나름 열심히 따랐습니다. 하지만, 첫 시험은 호된 신고식이 되었고 교수님이 바라시는 실력을 갖춘 교육학도가 되기 위해서는 '나름의 노력'으로만은 안 된다는 것을 알게 되었습니다.

그때 이후로 가능하면 김난예 교수님의 수업을 모두 들고자 했습니다. 우선은 교수님의 수업에서 좋은 결과를 받을 수 있으면 다른 어떤 수업이나 과제도 어렵지 않을 것 같았습니다. 1학년 2학기 때 교수님의 수업에서 시연을 했는데 꾸중에 가까운 평가를 받고 풀이 죽었던 적이 있었습니다. 같은 학번이었던 형님 한 분이 종종 교수님을 찾아가 대화를 했었는데 그 수업 이후 교수님과 이야기를 나누고는 제게 이야기를 전해 주었습니다.

"교수님이 너 1학년이 아닌 줄 아셨단다, 그래서 내가 1학년이라고 했더니 나이도 있고 평소에 모습도 그렇고 그래서 1학년이 아닌 줄 알았다고, 1학년이 그만큼 했으면 잘했다고 하시더라고, 한 번 교수님 찾아가봐." 풀이 죽어있던 탓일까요? 교수님께서 잘 했다는 말씀을 하셨다는데 그 말씀을 직접 듣고 싶었기 때문일까요? 한달음에 교수님 연구실에 달려가 교수님께 인사를 드렸습니다. 그리고 원하는 이상으로 칭찬과 격려를 듣고 나왔습니다. 이후 4년의 대학시절 동안 종종 교수님 연구실에 찾아가 궁금한 것을 여쭤보기도 하고, 고민을 털어놓거나 잡담으로 교수님의 귀한 시간을 뺏기도 했습니다. 지금도 여전히 시간을 쪼개고 쪼개 쓰시는 분께 폐가 이만저만이 아니었던 것 같은데 싫은 내색 한 번 엷게라도 비추신 적이 없으십니다.

제가 관심이 있었고 공부하고 싶었던 분야를 교수님의 수업을 통해 배울 수 있었던 것이 제겐 얼마나 큰 감사인지 모르겠습니다. 그 외에도 교수님께서 하시는 여러 가지 사역들 중 몇 가지에도 초청해주셔서 참여할 수 있었습니다. 미국 기행을 통해 견문을 넓힐 수 있도록 해 주셨고, 배운 것을 실제로 활용할 수 있도록 서울침례교회 아동부와 연계한 수련회를 진행하는 것에도 참여할 수 있었습니다. 정말로 제자들에 많은 것을 제공해 주시려 애쓰신, 하나하나를 모두는 기억하지 못하지만 그 진심은 마음 깊이 새겨주셨습니다.

교수님께서 계획하시고 원하시는 만큼 제가 성과를 이루어내는 학생이었는지는 솔직히 자신이 없습니다. 하지만 그때도 지금도 교수님께서는 우리 부부에게^{저와 아내 모두 교수님의 제자입니다.} 여전히 "장하다." "너무 잘 하고 있다." "너희만큼만 했으면 좋겠다."고 말씀해주십니다. 저는 교수님의 이 말씀이 진심인 것을 압니다. 그리고 저는 제가 교수님께 이런 칭찬과 격려, 지지를 받는 제자들 중 하나인 것이 너무나 자랑스럽고 힘이 됩니다. 최근 교수님과 통화를 할 때 9살 난 제 아들이 누구냐고 묻기에 "아빠가 너무나 존경하고 사랑하는 아빠 교수님이셔." 라고 대답해 주었습니다.

감사합니다. 아들에게 자랑할 수 있는 교수님이 되어주셔서…

하나님께서 주신 복

제신우 기독교교육학과 12 학번
뉴잉글랜드연회 연합감리교회 목사

김난예 교수님의 성공적인 은퇴를 정말 축하드립니다! 인간에게 있어서 가장 큰 복중에 하나가 참 좋은 스승을 만나는 것이라고 생각합니다. 그래서 저에게 있어서 큰 복은 참 스승 김난예 교수님을 만난 것입니다.

2012년 저는 기독교교육학과에 입학했습니다. 마음 한가운데 유학을 가고 싶다는 생각을 정말 많이 했었지만 저의 가정적·재정적 상황 때문에 마음속으로만 유학을 꿈꿨습니다. 저의 이러한 상황을 아셨던 김난예 교수님께서는 먼저 찾아와주셔서 일단 토플 영어성적부터 만들어보자고 조언하시며 포기하지 말자는 격려를 보내 주셨습니다. 또한, 앞으로 사역자로서 잘 쓰임 받기 위해 교수님께서 다양한 신학적, 신앙적 질문을 자신에게 할 수 있게 많은 책들과 모임들을 소개해 주셨었습니다. 하나님의 소명을 깨달아 열정과 기도로 매진할 때 하나님의 사역을 할 수 있다고 생각했었는데 김난예 교수님의 조언과 지도로 책을 읽고 공부하며 저와 다른 생각을 가진 다양한 배경의 사람들을 만나 이야기해보니 제 자신이 너무 부족했고 신앙과 신학적으로 우물 안의 개구리였다는 생각이 들게 되었습니다. 또한 저의 모습 속에서 성경으로 남을 쉽게 정죄하고 귀를 닫고 타인의 다름을 인정하지 않는 모습을 발견하게 되었습니다.

2015년 유학을 준비하기 위해 영어공부를 시작했을 때 정말 많이 힘이 들고 지치기도 했었는데 김난예 교수님께서는 저를 먹여주시고 상담해주시며 저의 든든한 격려자가 되어주셨습니다. 2016년 졸업 후 2017년 미국 보스턴의 신학대학원에 입학할 때에는 비행기 표도 살 수 있도록 도움을 주셨습니다. 2018년 여름, 교수님께서는 교회현장교육의 일환으로 한국 각지에서 배움의 목적으로 모인 학생들과 목회자들을 뉴욕에서부터 애틀란타까지 교회탐방 프로그램을 인도하고 계셨었고 저는 교수님을 만나고 싶은 마음에 보스턴에서 비행기를 타고 애틀란타로 날라 갔습니다. 미국에 온 이후 한 번도 한국에 가지 못했던 저에게 누구보다 더 큰 응원과 격려를 해주신 교수님을 다시 만난 것은 제게 정말 큰 기쁨이었습니다. 2박 3일의 짧은 일정을 끝으로 헤어지는 마지막 날 Passion City Church에서 정말 유익하고 귀한 시간을 허락해주신 교수님께 정말 감사했었고 헤어진다는 것이 너무 아쉬워서 언제 다시 만나 뵐 수 있을까 하는 생각에 발걸음이 정말 무거웠던 적이 있었습니다.

　제가 가장 존경하는 김난예 교수님의 모습을 몇 가지 꼽자면 첫 번째는 열정입니다. 항상 당당하시고 열정적으로 강의하시는 모습을 보면서 많은 영향을 받게 되었습니다. 두 번째는 탁월함입니다. 교회사역 현장연구 강의 시간에 학생들의 참여와 상호작용을 활용하시는 수업방식과 창의적으로 강의를 하시는 부분이 너무 좋았습니다. 세 번째는 겸손입니다. 김난예 교수님의 큰 장점인 것 같습니다. 어느 날 강의시간이었습니다. 한 학생이 수업시간에 교수님께 질문을 했을 때 교수님께서는 "그 부분은 나도 잘 모르지만 앞으로 공부해서 나중에 답변해주겠다"고 말씀하신 적이 있습니다. 다른 교수님들이라면 자존심을 지키기 위해 모르는 부분일지라도 대답을 하면서 실수를 하시는 경우가 있는데 모르는 부분에서는 겸손하게 모른다고 대답하시는 부분에서 정말 멋지신 분이라고 다시 한번 느끼게 되었고 큰 감동을 받았었습니다.

존경하는 김난예 교수님의 지도와 격려가 아니었으면 저는 지금 어떤 모습이었을까요? 무엇을 하고 있었을까요? 아마도 여전히 신앙과 신학적으로 미성숙한 사람으로서 남았을 것이라 생각합니다. 저의 유학생활 간증에 교수님을 언급하지 않고서는 이야기가 진행되지 않습니다. 다시 말하자면, 저의 삶 시간 속에서 김난예 교수님은 그냥 '점'이 아니라 엄청 큰~~~ 전환'점'이 되어 주셨습니다. 정말 감사합니다. 저 또한 교수님의 시간 속에서 아직 부족한 점이 많아서 참 스스로 말하기도 쑥스럽지만 교수님의 제자로서 기억될 수 있다는 것이 저의 큰 축복이고 정말 정말 감사합니다.

정말 고생 많으셨습니다.

교수님의 은퇴를 정말 축하드립니다.

새로운 시작을 위해 기도합니다.

교수님 사랑합니다!!!

보스턴에서 큰 존경과 사랑으로 제신우 드림

난 예뻐 교수님

김연주 기독교교육학과 13학번
화성오산교육지원청 Wee센터 실장
수지 생각하는교회 유초등부 전도사

교수님 안녕하세요^^

건강하게 잘 지내고 계시지요? 김연주입니다.

처음 기독교교육학과를 입학해 선배들을 통해 '난예뻐 교수님'이라고 소개를 받았던 기억이 생생합니다. 얼굴도 작으시고, 체구도 작으셔서 여리여리 하실 것 같았는데 수업 때 느껴지는 교수님의 열정과 가르침은 힘이 있었고 정말 수업이 예쁘게 디자인되었습니다.^^ 지금 생각해보면 대학생이라고 하면 다 큰 것 같지만, 이제 막 새로운 출발을 하는 어린 학생들이기도 한데 그런 학생들을 데리고 수업을 하실 때도 다음 세대를 책임질 건장한 청년으로 바라봐주시고, 우리들의 가능성을 열어주시며 함께 걸어가는 든든한 동역자로 대해 주시는 모습에 감동을 받았습니다. 28살에 대학에 들어가 새로운 도전을 하며 배움의 욕심이 많았던터라 즐겁게 공부했습니다. 하지만 이론을 공부할 때마다 좀 더 실질적인 부분을 배우고 싶다는 생각이 많이 들었고, 현장에서 사용하고 적용할 수 있는 부분들의 필요성을 절감하게 되었지요. 아무래도 사역을 하면서 공부를 병행했기에 더더욱 그런 부분들이 아쉽게 느껴졌던 것 같습니다. 그런데 그런 아쉬운 부분이 교수님 수업을 통해서 충족되었습니다. 학생들과 함께 고민하며 방향을 알려주시고, 방법을 제시해 주시는 수업을 통해 더 즐겁게 공부를 할 수 있었습니다. 그

덕분에 지금도 현장에서 직접 활용하며 보람된 사역을 하고 있습니다.

교회 사역을 하면서 교사교육 세미나에 강사로 교수님을 모셨던 적이 있습니다. 교수님을 모시러 갔을 때 해주셨던 말씀이 기억납니다. "연주야^^ 사역은 놓지 말아라~" 사역이 쉽지는 않지만, 그렇게 말씀하셨던 이유를 알 것 같습니다. 영혼을 세워가는 가치있는 일을 통해 제 자신도 하나님 앞에서 더 단단해져 가는 것을 느끼기 때문입니다. 교수님의 가르침과 애정어린 조언을 잘 기억하며 사역하고, 살아가겠습니다^^

오랜 교직생활 하시는 동안 정말 많이 애쓰셨습니다^^ 저는 이제 교직 3년째인데도 이 길이 쉽지 않다는 것을 참 많이 느끼게 됩니다. 교수님은 얼마나 많이 힘드셨겠어요~ 아마 힘든 것보다는 보람과 기쁨이 더 크셨겠지요^^ 늘 저희 생각해주시고 관심 가져주시고, 함께 해주셔서 정말 감사했습니다. 학생이 좋은 스승을 만난다는 것은 큰 축복인 것 같아요~ 졸업했지만 생각날 때마다 안부 물어주시고, 좋은 자리 있을 때 연락 주셔서 너무 감사합니다^^ 교수님과 함께 한 시간이 정말 행복했습니다. 그리고 자주는 아니더라도 함께 할 시간이 남아있다는 것이 다행이라는 생각도 듭니다^^

교수님, 아프지 마시구요~ 건강 잘 챙기시구요^^ 교육의 현장에서! 사역의 현장에서! 자주 뵐 수 있기를 소망해봅니다. 사랑하고 축복합니다♥

참 스승

고동옥 기독교교육학과 2015편입생
울산침례교회 전도사 사모

언제나 제자들을 향한 사랑과 가르침의 열정이 넘쳤던 교수님을 생각하면 안타까움과 함께 감사와 존경심이 넘치게 됩니다.

건강 악화에도 불구하고 자신의 자리를 지키려고 애쓰셨던 교수님,

배움의 열정이 식어가는 학생들에게 하나라도 더 알려주고 가르치시고자 애쓰셨던 교수님,

본인이 가진 작은 것이라도 늘 나누시려 애쓰셨던 교수님,

애쓰시는 모습에 늘 안타깝고 마음이 쓰이던 교수님,

또 그렇기에 감사함이 넘치며 삶으로 가르치시는 모습에 존경을 표할 수밖에 없는 교수님,

김난예 교수님은 그런 분이셨습니다.

그런 교수님이 은퇴로 교정을 떠날 것이라 생각하니 뭔가 학교의 커다란 버팀목이 없어지는 것 같아 아쉬움이 큽니다. 침례신학대학교에서의 가르침은 멈출지 모르지만 교수님의 가르침은 계속 이어질 것을 확신합니다. 이미 많은 제자들을 배출하셨고, 또 그 제자들 또한 각자 삶의 현장 가운데서 그 가르침을 실현하고 있으니, 그들을 통해 교수님의 가르침은 계속해서 이어지는 것 같습니다. 어떤 이는 목회자로 어떤 이는 교육자로 각자의 환경과 모습은 다를지 모르지만 다양한 사역의 현장 가운데에서 더 다양한 사람들에게 교수님께 받은 가르침을 가르치고 있으니 교수님의 영향력이 얼마나 큰지 모릅니다.

저 또한 결혼과 함께 전도사의 사역을 내려놓고 사모라는 이름만을 가지고 엄마와 아내로서의 역할을 감당하고 있습니다. 비록 제가 처한 환경은 사역 현장이라고 말할 수 없지만 이제는 제 가정이 사역의 주 현장이 되고 저의 남편과 자녀들이 사역의 대상이 되었습니다. 자녀를 양육하면서 제 맘처럼 되지 않아 좌절감을 느낄 때도 많지만 어린아이를 통해서도 배울 수 있다는 교수님의 말씀처럼 저는 아이들을 통해 가정에서 다시 교육을 받고 있습니다. 아이들의 순수한 생각과 조건 없는 사랑을 통해 하나님의 사랑을 다시 배우고, 자식을 내 소유물로 생각하고 나만의 잣대로 그들을 판단하고 가르치려는 제 모습을 보며 죄인 된 제 모습을 깨닫기도 합니다. 변화되지 않을 것 같은 자녀들의 모습에서 쉽게 좌절하는 제 모습은 교수님의 가르침 앞에 부끄러움뿐이지만 그럼에도 불구하고 열정적으로 학생들을 가르치셨던 교수님을 본받아 저의 자녀들을 그리고 앞으로 만날 많은 사람들을 하나님의 사람으로 변화시킬 수 있도록 선한 영향력을 발휘하고 싶습니다.

마지막 학기 수업시간에 '참스승'이라는 책을 가지고 함께 나누며 공부했던 기억이 납니다. 많은 사람들 특히 이름도 빛도 없이 자신의 모든 것을 조국과 하나님 나라를 위해 헌신했던 믿음의 선배들과 참 스승들을 통해 이 나라와 지금의 저희가 있는 것이겠지요. 그와 같이 교수님이 있기에 저희가 있고, 저희가 있기에 또 미래의 자녀세대들이 있음을 기억하며 교수님의 가르침을 이어갈 수 있도록 노력하겠습니다. 교수님 또한 은퇴 이후에도 끊임없이 가르치시는 자리에서 많은 사람들에게 선한 영향력을 끼치실 거라는 계획을 들었습니다. 이제는 그만 가르치고 본인의 삶을 누려도 된다고 생각하실 수 있지만 거기서 정체된 삶이 아닌 더 발전된 삶을 위해 애쓰고 노력하시는 그 모습은 저희에게 또 다른 도전이 됩니다. 그리고 보니 교수님은 교수라는 자리에 있으면서도 항상 겸손히 공부하시던 교수님이셨습니다. 낮에는 학생들을 가르치시고 저녁에는 또 다시 학생들과 함께 배움의 자리에 계시며 자신이 배우고 느낀 것을 많은 학생들에게 다시 나누어 주고 싶어 하셨지요. 특히 교수님은 지식만을 가르치신 것이 아니라 따스함도 함께 가르쳐 주셔서 많이 생각나는 것 같습니다. 학교에 적응이 어려운 학생들을 먼저 찾아가셔서 따스하게 말을 건네셨던 교수님, 자신의 생각만을 강조하고 가르치시는 것이 아니라 학생들의 생각에 귀 기울이시고 그들의 말을 듣고자 했던 교수님, 따스한 햇살, 시원한 바람, 산과 꽃과 나무를 보면서도 그냥 지나치지 않으시고 하나님의 섭리를 생각할 수 있게 생각의 틀을 넓히시고 따뜻한 감성과 영성을 가르치신 교수님…

그런 교수님을 통하여 세상의 학교에서는 배울 수 없는 많은 것들을 배웠습니다. 교수님을 한 마디로 정의하자면 교수님은 정말 '참 스승'이셨고 지금도 '참 스승'이십니다.

최고의 하나님을 알고 깨닫고 그 하나님의 지상대명령처럼 분부한 모든 것을 가르쳐 지키게 하는 그 일을 위하여 평생토록 헌신하며 걸어오신 교수님의 발자취 아래에 주님의 복이 넘치시기를 기도합니다. 참 스승이신 교수님의 뒤를 이어 저 또한 제 아이에게 만이라도 참 스승, 참 부모가 될 수 있도록 있는 그 자리에서 최선을 다해 살겠습니다. 또한 배움에 정체되어 있지 않고 언제나 배움의 자세로 겸손하게 공부하도록 하겠습니다.

노년의 마지막 시간까지도 하나님을 위해 그리고 이 땅의 사람들을 위해 애쓰시고 헌신하시고자 하는 교수님의 결단이 주는 그 울림을 잊지 않고 기억하겠습니다.

존경하고 사랑합니다. 교수님!

늘 건강하세요.

2022. 2. 15. 교수님의 제자 동옥 올림

어른 되어 만난 코스모스, 교수님!

박인성 열린교회 교육목사

가을도 봄 못지않게 풍성한 색채를 자랑하는 계절이다. 그 가을을 수놓는 여러 풍경 중 대표적인 것이 코스모스다. 맑고 높이 가슴을 편 가을 하늘과 하얀색, 분홍색, 자주색 코스모스가 없다면 가을이 서러울 것 같다. 괜한 코스모스 타령이 아니다. 김난예 교수님과 인연하게 된 지가 10여 년이 훌쩍 넘었다. 대학원 석사 과정, 박사 과정 5년 내내 지도교수님으로 인연하여 배우고 또 배우는 행운을 누렸다. 이제 교수님께서 한 학기를 남기시고 정년을 맞이하신다고 하니 교수님을 사랑하는 여러분들과 매한가지로 아쉽고, 죄송함이 크다. 특히 마지막 학기를 게으르고 미력한 자가 논문을 지도해 주십사 부탁을 드려 무거움을 드려 무척 송구하기조차 하다.

한 자매로부터 김 교수님의 가르침을 받은 사람들이 한 편의 추억들을 모아 함께 기억하자는 취지로 글을 부탁받았을 때 '벌써'라는 생각이 들면서도 무척 고마웠다. 이런 귀한 일을 생각하고 귀한 수고를 아끼지 않은 이들에게 감사의 말을 전한다. "고맙습니다. 참 귀한 일입니다. 아주 잘하신 일입니다." 그리고 당연히 '무얼 쓰지?'라는 생각에 기도하지 않을 수 없었다. 그리고 이내 세 가지 방면에서 교수님을 생각하게 되었다.

먼저 교수님은 참 좋은 '큰 스승'이셨다.

여느 교수님보다 열정적으로 강의를 준비하시고, 학생 한 명 한 명에 관심이 유별하셨다. 학생들의 형편을 살피시는 일에도 남다른 열정이 있으셨다. 특별히 학생들의 대학 생활만이 아니라 이후, 미래에 그토록 관심을 가진 교수님은 흔치 않다. 그래서 방학 때면 미국에 탐방 프로그램을 진행하시면서 학생들에게 넓은 세계에 대한 경험과 하나님 안에서의 비전을 세워갈 수 있도록 많은 노력을 기울이셨다. 그런 교수님께 내가 직접 배움을 가질 수 있었던 것은 공자가 제자를 얻어 가르치는 기쁨에 못지않은 기쁨이고 자랑이다. 어디 그뿐인가? 우리 학교 기교과에 다니던 둘째 딸도 교수님을 만나 배움과 사랑을 잔뜩 받았다. 이 딸은 그때 도전받은 꿈, '정말 필요한 공과'를 만들고 싶다며 지금도 열심히 배움을 이어가고 있다. 신학과에 다니는 막내아들도 그런 교수님의 열정에 매료되어 자신이 만든 동아리 지도를 교수님께 부탁드렸고, 교수님께서는 기꺼운 마음으로 성심껏 지도해주셨다. 그러니 교수님은 나만의 스승이 아니라 우리 가족의 스승이시기도 하다.

다음은 교수님은 '친구' 같은 분이셨다.

배움을 주고받는 시간은 누구보다 철저하셨지만 일단 학습의 자리를 벗어나면 누구에게나 친한 친구처럼 대하셨다. 어린 학생들은 물론이고 나 같이 철없는 어른 제자에게도 그러셨다. 지금도 교수님과 차를 마시면서 나눈 대화, 식사 교제를 하던 기억은 내 소중한 추억의 사진관에 오롯이 쌓여 나를 행복하게 한다. 그래서 아내를 교수님께 소개해드렸고, 아내 또한 교수님을 얼마나 존경하고 좋아하는지 모른다.

세 번째는, 교수님은 '어린아이' 같은 분이다.

교수님께 무척 실례되는 표현이지만 실제가 그러시다. 교수님께서 강의 중에, 편하게 교제하는 중에 예수님, 교회, 신앙에 말씀하실 때 영락없이 '어린아이' 같은 깨끗한 신앙인이셨다. 예수님을 그렇게 사랑하고, 그 마음으로 사시는 분은 흔히 만날 수 없다. 그런 교수님을 나와 아내, 딸과 아들이 스승으로, 신앙인으로 만났으니 나야말로 복 받은 자가 아닐 수 없다.

변화 요상한 봄을 견디지 않은 꽃은, 여름의 그 뜨거운 태양과 흠씬한 비를 맞아보지 않은 꽃은, 가을의 높고 청명함을 가슴으로 들이키지 않은 꽃은 결코 코스모스일 수 없다. 격정의 봄을, 희락과 메마른 정의의 고달픔을 삼킬 수밖에 없던 여름을 지나 이제 맘껏 시원해지려는 가을을 맞아 교단에서 한 걸음 물러서시는 교수님이 딱 그 코스모스 같다. 그래서 아쉽지만 교수님의 꿈과 도전을 알기에 이제 옥문 밖에서 새로운 가을을 코스모스로 춤추며 사실 분임을 알기에 안도한다. 그리고 '한 번 스승은 영원한 스승'이시니 교수님께 더 큰 주님의 은혜를 구하며, 박인성, 하진, 진섭, 유현주가 함께 감사의 마음을 전합니다.

교수님! 감사합니다! 사랑합니다!

2012년부터 석사 박사를 함께하며

교수님 닮은 파스텔톤 보랏빛 꽃

임종욱 기독교교육전공 대학원

미소앤향유플라워대표
플로리스트
원예치료사
교회꽃꽂이전문가
대전삼성성결교회 권사

아직 밖은 많이 추운데, 꽃집에는 벌써 봄꽃들이 기분 좋은 인사를 하네요. 개나리, 산수유, 버들강아지, 산당화, 설유화, 조팝나무, 튜울립, 프리지아, 나넌큘러스, 스톡크, 아네모네, 수선화 히야신스...꽃을 좋아하시는 교수님 기분 좋으시라고 지금 꽃집에 나와 있는 꽃들의 이름을 불러보았습니다.

교수님!

플로리스트인 미소권사가 대학원을 기독교 교육과로 선택했을 때, 동료 플로리스트들은 많이 의아해했어요. 대부분 화훼장식 원예 플라워디자인… 이런 관련학과를 선택하거든요.

미소권사도 조금 망설이긴 했지만, 결국 기독교 교육을 선택했어요. 처음엔 조금 힘들지 않을까하는 생각도 했었는데, 교수님을 뵙게 되면서 선택을 잘 했다는 것을 알게 되었죠. 왜냐구요? 교수님은 50대 후반의 늦깎이 대학원생이 기쁘게 공부할 수 있는 길을 제시해주셨거든요. 평가를 소논문으로 하는 것도 쉽지 않고, 졸업논문을 쓰는 부담이 컸었는데, 방향제시를 무척 잘 해주셨어요.

매주 교회에 꽃꽂이를 하고 있었던 미소권사에게 꽃꽂이와 관련해서 주제를 선택해보라고 하셨을 때 미소권사는 너무 놀랐답니다. 꽃과 전혀 연관이 없을 것 같았던 미소권사의 진학 선택이 이럴 수도 있는 거구나! 하는 생각을 했어요.

도서관에 가서 관련 된 책들을 찾아보고, 논문을 읽고 하는 동안에 미소권사는 즐거웠어요.

그리고 많이 부족한 소논문을 발표했을 때, 칭찬을 많이 해주셨던 교수님 정말 감사합니다.

같이 공부하는 학우 분들이 목사님 전도사님 사모님들이셨고, 미소권사만 평신도여서 신앙적으로도 지식으로도 많이 부족했었지만, 격려와 지원을 아끼지 않으셨던 교수님 덕분에 늘 행복한 학생이었죠. 어느 학기엔 교수님이 50만원이라는 적지 않은 장학금도 주셔서 몸 둘 바를 몰라 하기도 했었어요. 교수님은 정말 멋진 분이세요!!

교수님!!

요즈음 미소권사는 코로나 때문에 꽃꽂이 강의를 많이 하지는 않지만, 가끔 화훼장식기사협회 회원 분들과 함께 초등학교 중학교 학생들에게 꽃 체험 수업을 하고 있어요. 학생들이 너무 기뻐해요. 그러고 보니 교수님... 언젠가 미소권사가 교수님과 일대일 수업이 있었던 날 교수님 방에 꽂아 놓으려고 꽃을 사갔다가 그날따라 교수님이 많이 피곤해보이셔서 교수님께서 직접 한번 꽃다발을 만들어 보시라고 제안했더니 교수님이 원형꽃다발을 예쁘게 만드셨던 것 기억하세요? 그러면서 피곤이 가시는 거 같다고 하셨답니다. 그리고 미소권사가 도시농업관리사 자격증 취득했다고 했더니 교수님도 나중에 퇴직하시면 하고 싶다고 하셨던 것 기억하시나요? 교수님이 미소권사가 하는 일에 찬사를 아끼지 않으셨던 것도 미소권사에겐 많이 큰 힘이었고 즐거움이었습니다.

금요일마다 교회에 꽃을 꽂을 때마다 생각나곤 하는 교수님의 말씀이 떠오릅니다. 꽃들도 우리들과 함께 하나님을 찬양한다는 것을요. 요즘 미소권사는 교회에 꽃을 꽂을 때 너무 지나치게 기술적인 면에 치중하지 않는답니다. 하나님이 주신 식물 그대로의 아름다움을 나타내며 색상조화를 더욱 신경써요. 식물의 매력을 최대한 돋보이게 하고 싶답니다.

교수님!

아직 미소권사의 과제는 아직 남아있는 듯해요.

교회 꽃에 대한, 교회 꽃을 꽂는 사람들의 정서가 신앙에 미치는 영향이랄까요….

봄빛이 따뜻한 날 교수님 닮은 파스텔톤 보랏빛 꽃 한아름 사가지고 가겠습니다!!

교수님의 제자여서 감사해요

윤지수 비전캠프 간사

침례신학대학원 기독교교육전공
비전캠프 간사 및 시은교회 교육전도사

교수님의 제자로 함께한 2년, 교수님을 떠올리면 늘 감사와 존경의 마음이 가득합니다. 교수님께서는 아무것도 모르던 저의 대학원 생활에 길라잡이가 되어 주셨습니다. 떠오르는 것이 참 많지만, 교수님께 특히 감사한 것은 늘 배움의 기회를 제공해 주셨던 것입니다. 2020년 여름 회복적 정의 워크숍부터 영성 모임까지 제가 알지 못하고 흘려보냈을 다양한 교육의 자리에 저를 이끌어주셨습니다. 실제 현장에서 부딪히며 제 마음에 새긴 지식들은 아직도 예배와 사역을 더욱 풍성하게 하고, 다시 한번 사역의 방향을 점검해보는 기준이 되고 있습니다.

좋은 기회들이 있으니 해보라고 권유하는 것은 어느 스승님이든 할 수 있지만, 실제 현장까지 이끌어주시는 것은 모든 스승님이 하는 것은 아니라고 생각합니다. 교수님께서는 항상 이론뿐만 아니라 새로운 세상으로 시선을 돌릴 수 있게 해 주셨고, 머리에서 아는 지식으로 끝나지 않도록 항상 실천적인 방법을 강조하시고 제시하셨습니다. 수업시간, 최신 국제교육정책 자료를 제공해 주시고 시대에 발맞춰 기독교교육이 나아가야 할 방향을 제시하고 토론했던 기억이 아직도 남아있습니다. 한 곳에만 시선을 두지 않고 기독교교육이 실제적으로 이루어질 수 있도록 고민했던 시간은 오랜 시간 제 삶에 거름이 될 것 같습니다.

그렇게 교수님께서는 더 넓은 세상으로, 더 넓은 시야를 가질 수 있도록 정신적으로도 지지해주셨습니다. 특히 교수님께서는 제가 논문으로 헤매고 있을 때, 논문의 기초 뼈대를 새우는 것부터 살을 채우는 것까지, 전적으로 도움을 주셨습니다. 온라인이든, 대면으로든, 물심양면 지도해주셨던 시간들을 생각하면 교수님께서는 한 명, 한 명 제자들을 참 아끼셨다는 것이 실감 나는 요즘입니다. 늘 저에겐 더할 나위 없는 훌륭한 교수님이시지만, 한편으로는 교수님이 걱정됩니다. 학교 강의뿐만 아니라 다양한 교육정책 고문, 사역까지 쉴 새 없는 일정을 소화하고 계신 교수님의 건강이 늘 걱정스럽습니다. 수면시간까지 쪼개어 학문에 열중하시는 모습을 보면 존경스러우면서도 괜한 염려가 앞서는 것 같습니다. 바라는 것은 늘 건강하셔서 오랜 시간 교수님이 걸어가시는 길을 응원하고 따라가고 싶다는 것입니다.

교수님 연구 조교로, 제자로 함께하면서 지식뿐 아니라 제 삶의 방향이 조금 더 윤택해지고 풍성해지는 값진 시간이었습니다. 교수님을 통해 '기독교교육'이라는 학문을 배울 수 있었다는 것이 참 감사합니다. 교수님께서는 늘 '그럼에도 감사', '감사합니다'라는 말을 혼잣말처럼 내뱉곤 하셨는데, 그런 사소한 말들조차 어느새 제 삶에도 새겨졌는지 어려운 일이 생길 때마다 '그래도 감사합니다.' 이렇게 고백하곤 합니다. 이 글을 쓰는 지금은 '김난예 교수님의 제자여서 감사하다'는 생각이 차오릅니다. 이제는 영원한 교수님의 제자로 세상을 이롭게 하고, 더 섬기는 사람이 되고 싶습니다. 늘 감사하고 사랑합니다. 김난예 교수님!

2022년 2월 김난예 교수님의 제자 윤지수 올림

도전을 격려하신 교수님

박지영 대학원 2000년 입학, 초보엄마와 사모

　　교수님과의 첫 만남은 봄의 시작을 알리는 3월이자 나에게는 석사학위를 위한 첫 학기가 시작되는 수업의 어느 날이었다. 하얀 머리에 짧은 단발을 하신 교수님께서 카리스마 있는 말투로 수업을 열어 가셨던 것이 기억에 남는다. 이후 교수님은 졸업논문을 위한 지도 교수님이 되어주셔서 2년이라는 시간 동안 글을 쓰는 방법부터 기독교교육에 대한 많은 가르침을 통해 학문의 길을 차근차근 잘 걷도록 도와주셨다. 김난예 교수님의 가르침에 관해서는 많은 내용들이 있었지만 특별히 나의 삶에 다가왔던 가르침은 크게 두 가지가 있었다.

　　첫 번째는 '여성으로서 학문에 대한 도전'이다. 당시 아내로서, 엄마로서, 사모로서 첫 발걸음을 내딛던 나는 내가 맡은 역할들을 뒤로하고 공부를 지속하는 것이 옳은 일인가에 대한 혼란 속에 있었다. 주변 대다수의 사람들이 공부를 시작하는 것에 대해 의아하게 여기기도 했었기에 여성으로서, 아내로서, 엄마로서, 사모로서 공부하는 것이 죄책감이 들 지경이었다. 그런 나에게 교수님께서는 "학문을 이어가도 괜찮다"라는 말 그 이상으로 오히려 잘한 일이고, 더 잘할 수 있다고 말씀해 주시며 더 많은 가능성들을 이야기 해주셔서 위축되어 있던 나에게 학문에 대한 희망과 기대를 품을 수 있도록 도와주셨다. 교수님의 격려의 말들이 나에겐 여성으로서 학문에 대한 큰 도전이 되었고 석사학위를 마치는 동안 원동력이 될 수 있었다.

두 번째는 '부모로서 신앙교육에 대한 도전'이다. 첫 학기를 시작했을 당시 딸은 8개월 된 아기였고, 나는 기독교교육이라는 학문을 시작했지만 완벽한 초보 엄마였다. 부모의 역할을 잘 해내고 싶었지만 그것이 어떻게 하는 것인지에 대해선 알 수가 없었다. 많은 육아 책들이 있어 그것들을 따라 해볼 수는 있었지만, 특별히 신앙교육에 관해서 어떻게 하면 하나님의 기쁨이 되는 아이들로 자라나게 할 수 있을지에 대해 퍼즐이 맞춰지지 않은 것처럼 정리가 되어 있지 않았다. 그런 시기를 보내고 있을 때 김난예 교수님의 「아이들의 발달과 신앙교육」이라는 책을 통해 수업을 듣게 되었다. 일반 아동교육과 교육심리학과 기독교 신앙교육을 연결하여 성경적인 관점으로 쓰인 이 책은 아이의 발달 상황에 맞추어 아이를 이해하는 것뿐만 아니라 그것에 맞춘 신앙교육을 어떻게 해야 하는 가에 대해서 잘 설명되어 있었다.

일반적인 발달 상황에 맞추어 자녀를 대하는 것 그 이상으로 아이들의 발달의 주체를 하나님으로 인정하며 신체적인 발달뿐만 아닌 영혼과 마음이 성장하고 자랄 수 있도록 돕는 것, 부모의 제한된 사랑으로 양육하는 것이 아니라 하나님의 사랑을 가르치고 하나님이 창조하신 세상을 사랑할 수 있도록 하는 것, 부모는 아이들에게 작은 하나님의 역할을 다하며 하나님 나라로 안내하기 위해 신앙 안으로 초대하는 것 등 교수님의 아동에 대한 이론적 설명과 신앙교육에 대한 가르침은 내가 가정에서 실제적으로 자녀를 어떻게 교육할 것인가에 대한 단단한 토대가 되었다.

교수님과의 만남과 가르침을 통한 나의 가치관의 변화는 혼란 속에 있던 나에게 미리 예비하신 하나님의 선물과도 같은 것이었다. 설 틈

없이 연구하시고 어느 것 하나 대충 하시지 않는 교수님의 모습 하나하나가 내 삶에 많은 도전과 가르침이 되었다. 교수님의 책들이 많은 교회 사역의 현장에 또한 가정 현장에서 사용되고 도움이 되길 바라며 다시 한번 김난예 교수님께 감사의 마음을 전하고 싶다.

제자 선생님

은퇴를 2년 앞둔 어느 날 한 제자가 찾아왔다. 내가 은퇴할 때 은퇴 논문집을 내겠다고 했고 나는 극구 사양하였다. 학기 말이 되자 다시 전화가 왔고, 또 그 다음 해에 다시 두 번의 전화에도 변함없는 나의 마음에 제자는 많이 서운해 하였다. 은퇴를 한 학기 앞 둔, 눈발이 흩날리는 1월의 끝자락 겨울 아침에 그 제자는 먼 길을 달려 나에게로 왔다. 은퇴논문집을 내지 않는다는 나에게 추억을 선물해드리고 싶다고 하였다. 졸업생들이 학창 시절에 나와의 추억 하나씩 건져 올리고 묶어서 나의 은퇴기념 선물로 주고 싶다는 것이었다. 이는 졸업생들이 삶의 현장에서 바쁘게 살고 있어서 교수님을 뵈러 오고 싶지만 쉽지 않고, 학교를 졸업한 시간이 흐르고 나이가 들어가니, 희미해져 가는 기억의 단편들을 모아 무엇인가 마음 따뜻한 추억의 재산을 나누어 갖고 싶다는 것이었다. 나는 그런 것이라면 하자고 하였으나 집에 와서 생각해 보니 이는 나의 기억이 희미해지고 있음을 에둘러 말한 것임을 뒤늦게 깨달았다. 아뿔싸!~~ 센스 없는 나를 탓하며 없었던 일로 하자고 미안한 마음으로 전화를 했으나 또 설득당하고 말았다. 그리고 졸업생들에게 원고를 부탁하는 일부터 책 출판까지 모든 일을 본인이 직접 감당할 것이니 생각나는 졸업생들 명단만 달라고 하였다.

시간이 또 한 참 흘렀다. 무력감과 함께 찾아온 세포무기력증과 싸우며 온 몸을 도는 피가 가끔씩 스트라이크를 일으켜 내 자신을 가누기도 힘든 시간이었기에 모든 것이 귀찮고 힘들었다. 그러나 그 제자는 무력감에 KO패 당한 나를 끊임없이 격려했고 최고의 스승이라고 추켜

세웠으며 은퇴하는 날까지도 자신과 같이 나의 가르침으로부터 영향을 받을 사람이 한명이라도 있을 것이니 낙심하지 말라고, 많은 학생들이 나의 수업에서 도전을 받으며 기대하고 있으니 힘내서 끝까지 잘 완주하라고, 위로하고 격려하고 토닥거리고 용기를 불어 넣어주었다.

학생과 선생님이 뒤바뀐 것 같았다. 제자선생은 무기력증에 시달리는 나를 아기 다루듯 어르고 달래며 지금 바로 생각나는 제자들의 명단과 전화번호를 달라고 또 전화를 하였다. 그럼에도 불구하고 나는 또 망설였고 자신이 없었다. 내가 그렇게 훌륭한 선생도 아닌 것 같고, 학생들에게 선한 영향력을 끼친 것 같지도 않고, 친밀한 관계를 주고받는 제자들도 없는 것 같고, 글을 써 줄 제자들도 없는 것 같고, 나의 지나간 시간들이 어떤 의미도 없는 것처럼 여겨졌다. 또 한 주간의 시간이 흐르며 모든 것이 더 귀찮아져서 피할 수만 있으면 피하고 싶었다. 제자선생에게 연락이 올까 두려웠다. 그러나 제자선생은 또 시간을 주며 기다려주었다. 나는 최근에 전화와 이메일 또는 카톡을 주고받은 몇 명의 이름을 건네주었고, 일주일이 지나자 제자선생님은 졸업생들의 글을 모아 나에게 보내주었다. 졸업생 중에는 암 투병, 해외선교로 비행기 이동 중, 장례, 바쁜 사업일정 등 여러 사정으로 편지를 쓸 수 없음에 안타까움을 전해 오기도 했다.

그러나 제자들의 글을 받고도 보고 싶지도 않았고 볼 의욕도 없었다. 걸려오는 친구들의 안부 전화는 언제 은퇴하느냐는 질문이 필수였기에 은퇴하는 나를 뭐라고 격려하고 싶으냐고 물으면 "수고했다, 이제 쉬어라, 놀아라!"는 대답이 100%다. 정말 쉬고 싶었다. 둥그런 시계 긴 바늘의 째깍거리는 소리가 귀에 거슬리고 짜증이 났지만 멈추지 않고 시간은 흘렀다. 핸드폰의 카톡 소리에 신경이 곤두섰을 때 제자선생에게 전화가 왔다. "교수님, 오늘 잠깐 뵐 수 있을까요?" 이러저러한 핑계로 회피했지만 아주 잠깐만 보면 된다고 하여 결국 또 그렇게 하자고 말해버렸다. 제자선생을 기다리는 동안 그래도 할 말을 만들기 위해 보내준 글 하나를 열어 핸드폰으로 읽는 중에 나와의 추억이 맞는지 확인할 틈도 없이 제자의 얼굴과 그때 그 장면들이 영화의 한 장면처럼 떠올랐다. 또 잊어버리고 생각하지도 못했던 기억의 잔재들이 조각을 맞추어 연속화면으로 나타났다.

드디어 제자선생이 현관 벨을 눌렀다. 벨 소리에 문을 열며 숙제를 안했으니 무슨 말을 어떻게 해야 할 것인가에 대한 변명을 찾느라 내 머리는 바쁘고 분주했다. 그러나 제자선생은 제자들의 편지를 읽어보았냐고 묻지 않고, 나의 건강을 걱정하며 오늘이 정월대보름이어서 금방 찐 찰밥과 떡을 방앗간에서 샀다며 따뜻할 때 먹으라고 건네주고 돌아갔다. 해준 것도 없고 힘도 없고 무력한 선생을 챙기는 제자선생에게 한없이 미안한 마음이 들었기에 컴퓨터를 켜고 제자들이 보낸 편지들을 하나씩 읽기 시작하였다. 첫 번 째 편지를 읽을 때에는 "내가 이런 사람이었나? 맘에 없는 편지를 억지로 쓴 것은 아닐까"라는 생각이 겹치면서도 "아, 이런 일이 있었구나!, 그래 맞아, 생각이 나네!"라고 중얼거리며 옛날의 기억들을 떠올리며 덤덤히 읽어갔다. 그러나 10여 통의 편지를 읽었을 때에는 덤덤함에서 왠지 모를 어떤 곳으로 나의 마음이 움직이고 있었고, 읽었던 편지를 또 읽으며 생각에 잠긴 내 자신이 보였다. 메마르고 무기력한 감정의 늪으로 잔잔히 흘러드는 감사와 고마움의 물결이 어느새 나를 촉촉이 적시고 있었다. 계속해서 읽어가는 동안 "아, 나는 그런 선생이었구나!, 나에게도 이런 좋은 면이 있었구나!,"

라는 생각이 들고 편지를 다 읽었을 때에는 메마른 늪이 흘러내리는 눈물로 호수가 되었다. 마음의 호수에는 감격과 뿌듯함, 그리고 감사와 더 잘해주지 못한 아쉬움과 미안함의 배들이 떠 있다.

그런데 여러 아쉬움과 미안함의 배들이 떠 있음에도 불구하고, 보내온 편지들을 통해 교수로서 지나간 나의 삶을 되돌아볼 수 있게 해 주었다. 되돌아올 수 없는 고통과 억울함과 어두움의 긴 터널을 지나는 동안에도 나를 기억하며 같이 아파해 준 학생들이 있었기에 나 혼자가 아니었고 잊혀진 존재가 아니었다는 것에 대한 감사가 생겼고, 교수로서의 삶이 헛되지 않았다는 것에 뿌듯함을 느꼈으며, 사람을 꿈과 희망으로 인도하며 격려하고 위로하고 세우는 교육이 결국 남는다는 것과, 진실은 보이지 않으나 언제인가는 드러난다는 것을 깨닫게 해 주었다. 더욱이 나의 아픈 상처들이 조금은 치유되고 아무는 듯했고, 지하실에 갇혀 있던 자존감과 무력감이 따뜻한 햇볕을 받아 밖으로 나올 준비를 하는 것 같다.

스승의 날이 되어 학생들이 가슴에 꽃을 달아주고 '스승의 노래'를 불러주면 언제나 부끄러움이 앞섰다. 어디론가 도망가 숨어버리고 싶은 적이 한두 번이 아니었다. "내가 이런 대접을 받을 자격이 있는가?" 밀려드는 생각을 끊어내고 마음과 생각을 가다듬며 "그래, 지금부터라도 스승다운 스승이 되어달라는 부탁을 이렇게 정중하게 하는 것이다!"고 생각하며 부끄럽지 않은 선생이 되어야 한다고 다짐하곤 했었다. 그래서 먼저 태어난 선생先生으로서 학생들 앞서거나 뒤서지 않고 옆에서 걸으면서 친구가 되고 형제자매가 되고 싶었다. 밤의 어두움이 지나고 새날이 밝을 때까지, 아니 새날이 오지 않는다 하더라도 더 사랑하고 더 나누며 더 베풀고 섬기며 주님이 내게 보여주셨던 예수님의 사랑받는 제자 작은 '예수'라는 이름표를 달고 친구와 형제자매로 당당하게 살고 싶었다. 이를 위해 기도하며 교육해 온 나의 삶에 제자들의 편지는 내가 헛되이 살지 않았다는 자존감을 심어주었고, 인생을 마무리하는 순간에 '사랑'한 것만 남는다는 주님이 나에게 주신 꿈의 메시지를 확인하게 해 주었다.

이 책 20꼭지의 글들과 머리말은 2021년 2월에 써놓고 출판에 앞서 깊은 절망감으로 포기했었다. 2022년 2월 역시도 그러했다. 나는 다른 대학교에서 가르친 경력을 제외하고 침례신학대학교에서 21년 7개월을 재직하고 은퇴를 한다. 장로회신학대학교 기독교교육과를 졸업하고 동 대학원에서 기독교교육^{아동교육}을 전공하였으며 교회교육현장에 있다가 기독교교육에서 사회과학적인 접근을 배우고자 충남대학교에서 실력과 인품이 뛰어나신 스승님 지도로 박사학위를 받았다. 박사학위를 마치고 미국에서 포스터 닥터를 시작한지 3개월 만에 침례신학대학교에 오게 되었다. 21년 7개월 재직동안 전임강사 1년과 조교수 6년, 남편이 장로교단의 목사와 교수라는 표면적 이유와 정치적 희생양으로 재임용이 탈락된 3년, 그리고 복직되어 11년 6개월을 부교수로 있다가 부교수로 은퇴한다. 재직동안 최우수 교수 상도 받았고 강의평가는 물론 교육 및 연구업적도 매우 높았으며 대내외 봉사실적도 좋았다. 학교에 몸을 담고 있으니 학교를 내 삶에 최우선순위로 두고 살았다. 둘째 아들 결혼 날과 박사학위를 받는 날을 제외하고는 학교의 모든 크고 작은 일과 행사에 빠짐없이 참석하였으니 내 자신과 학교에게 부끄럼 없이 살아왔다.

그러나 은퇴를 한 학기 앞두고 마지막 승진 기회도 늘 그래왔던 것처럼 결과는 같았다. 옛날 유행했던 코미디 대사의 하나인 "그때그때 달라요"가 "사람마다 달라요"로 패러디 되며 뇌 속을 광속으로 스쳐간다. 하지만 불평등과 불공정에 익숙해진 학습된 무력감을 다독거리고 마음공부를 하며 세상을 향한 한바탕 웃음을 웃고, 끝까지 최선 그 이상을 하며 부끄럽지 않은 선생으로 남기 위해 마지막 학기 수업을 준비하고 점검한다. 추운 겨울이지만 두 팔을 펄럭이며 자유로이 하늘을 나는 새들이 석양을 등지고 산을 넘어 간다. 눈이 부시다.

마음공부 중에 한 제자선생의 설득과 격려와 사랑과 헌신으로 추억과 함께 이 책은 세상에 나오게 되었고, 원고부탁에서 출판까지 한 달 정도의 시간이 걸렸다. 제자선생은 끝까지 자신의 이름을 밝히지 않기를 원했다. 세월이 지나도 나의 가르침과 제자들의 추억만 오롯이 이 책에 남기를 원했고 한 제자의 이름이 거론되면 다른 제자들에게 필요하지 않은 불편한 마음을 남길 수 있다고 말했다. 또 자신이 한 일을 누군가 알려주었다면 모두가 하려고 했을 것이기에 '제자선생'은 나의 제자 모두를 합친 총체라고 말했다. 나는 제자선생의 폭넓고 깊은 배려에 오늘도 삶의 지혜를 배우고 있다.

이제 부족한 선생의 제자선생이 되신 여러분 모두에게 진심으로 감사를 전하고 싶습니다.

여러분은 제 인생 최고의 은퇴선물을 주셨고 여러분들이 곧 선물입니다. 빚진 자로서 항상 기뻐하며, 모든 일에 감사하며, 항상 기뻐하고 모든 일에 감사할 수 있도록 기도하며 살겠습니다.

또한 교수와 연구자로서 선생으로서 모범을 보여주시고 지켜봐주신 나의 스승 이종승 교수님께 깊은 감사를 드립니다. 이 교수님의 제자가 된 것이 자랑스러웠기에 그 이름에 누가되지 않게 살려고 노력해 왔습니다. 부족한 제가 교수로서 연구자로서 선생으로 살 수 있었음은 스승님이 계셨기 때문입니다. 스승님께 깊은 감사의 마음을 전해드립니다.

하나님이 내게 주신 최고의 귀한 선물인 가족에게도 감사를 드립니다. 좁은 길로 걸을 수 있도록 희노애락과 고통의 모든 시간을 함께 동행해준 나의 남편 기독교윤리학자 정원범 교수와, 속이 깊고 진지함과 동시에 유머러스하고, 하나님을 참 사랑하고 사람을 사랑할 줄 알며 우는 자들과 함께 울고 웃는 자들과 함께 웃을 줄 아는 두 아들 우주와 하은, 지혜롭고 현숙하고 사랑스런 두 며느리 유재아와 정은아에게 깊은 감사의 마음을 전합니다.

여러분이 있었기에 제가 오늘 여기에 있습니다. 감사합니다.

2022년 2월 자유로이 하늘을 나는 새가 보이는 새샘마을에서
저자 김난예